«Fiel, alentador, convincente, necesario; *7 amenazas que enfrenta toda iglesia,* de Sánchez, es todo esto y más. Él demuestra cómo las palabras que Jesús dirigió a estas siete iglesias de la antigüedad son tan relevantes para nuestras iglesias y nuestros corazones como fueron en aquel entonces».

JONATHAN LEEMAN
Director editorial, 9Marks

«Juan Sánchez deja claro, de una forma maravillosa, el llamado de Cristo a las iglesias en Apocalipsis, y nos ayuda a abrir nuestros oídos para escuchar ese llamado en la Iglesia actual. Este libro no minimiza las advertencias de vida o muerte de la Escritura, y nos presenta las promesas extraordinarias de la presencia y el poder de Cristo. Todo esto viene en la voz de un pastor / predicador sabio, experimentado y saturado de la Escritura. Leí sus palabras con un gran sentido de gratitud por el regalo de esta exhortación para el fortalecimiento de la Iglesia».

KATHLEEN NIELSON
Asesora y editora principal de The Gospel Coalition [Coalición por el Evangelio]; y autora de *Women and God* [Las mujeres y Dios]

«Una exposición convincente, desafiante y reconfortante del mensaje de Cristo a las siete iglesias en Apocalipsis. Juan Sánchez combina una exégesis cuidadosa con una aplicación pastoral incisiva. El mensaje dado a las siete iglesias debe ser escuchado hoy nuevamente, y el libro de Sánchez nos recuerda por qué estas palabras son tan necesarias en nuestro momento cultural».

THOMAS R. SCHREINER
Profesor de Interpretación del Nuevo Testamento, The Southern Baptist Theological Seminary
[Seminario Teológico Bautista del Sur]

«En *7 amenazas que enfrenta toda iglesia,* Juan Sánchez no duda en confrontarnos con verdades incómodas provenientes de los labios de

Jesús sobre lo que significa ser Iglesia. Su compromiso de entender lo que Jesús les declaró a los primeros lectores, combinado con una perspectiva sorprendente sobre cómo nosotros hacemos exactamente lo mismo, hacen que esta lectura sea desafiante. Luego Juan va más lejos, con su experiencia de pastor y con un corazón predispuesto para ganar personas, no discusiones, él nos lleva a la cruz, nos llama a arrepentirnos, nos muestra cómo cambiar. Este libro, sencillo pero profundo, proporciona una herramienta magnífica para medir la salud espiritual de la vida de nuestra iglesia».

LINDA ALLCOCK
London Women's Convention

«Este es un libro oportuno. El doctor Sánchez aborda la evaluación que Jesús hace de las siete iglesias en el libro de Apocalipsis con entendimiento bíblico y aplicaciones perspicaces. Él examina la Escritura y nos la presenta de manera clara y atractiva, desde el principio hasta el final. Si quieres entender la condición de aquellas iglesias a las cuales estas cartas fueron dirigidas, y los peligros que cada iglesia ha enfrentado en los últimos dos mil años, este libro es para ti».

MIGUEL NÚÑEZ
Pastor principal, Iglesia Bautista Internacional, Santo Domingo

«Las amenazas que enfrentan las siete iglesias en Apocalipsis no son muy diferentes de las que enfrentan nuestras iglesias hoy en día; la Iglesia siempre ha existido en tiempos peligrosos. Las palabras de Jesús a esas iglesias son tan oportunas hoy como lo fueron hace dos mil años, y Juan Sánchez ayuda a desentrañar los diversos peligros que nuestras congregaciones afrontan en la actualidad. ¡Esta es una gran herramienta y no encuentro palabras suficientes para recomendarla!».

MATT CARTER
Pastor de predicación y visión,
The Austin Stone Community Church

«Al escribir tanto para los líderes como para los miembros de la iglesia, Juan Sánchez ofrece un tónico para el alma. Su libro *7 amenazas que enfrenta toda iglesia* es una lectura amena pero contundente, atractiva pero incisiva. Mediante una atención cuidadosa y a la vez sencilla al texto, él pone al descubierto los desafíos y estímulos contemporáneos que nos recuerdan la preocupación de Jesús por Su Iglesia, y los peligros reales de olvidar o ignorar estas cosas».

CARL CHAMBERS
Park Hill Evangelical Church, Brighton;
y presidente de Cuba para Cristo

7

AMENAZAS

QUE ENFRENTA TODA IGLESIA

Y TU PARTE EN SUPERARLAS

7

AMENAZAS

QUE ENFRENTA TODA IGLESIA

Y TU PARTE EN

SUPERARLAS

JUAN SÁNCHEZ

ESPAÑOL

NASHVILLE, TENNESSEE

Contenido

«Yo, Juan, hermano de ustedes y compañero en el sufrimiento, en el reino y en la perseverancia que tenemos en unión con Jesús, estaba en la isla de Patmos por causa de la palabra de Dios y del testimonio de Jesús. En el día del Señor vino sobre mí el Espíritu, y oí detrás de mí una voz fuerte, como de trompeta, que decía: "Escribe en un libro lo que veas y envíalo a las siete iglesias: a Éfeso, a Esmirna, a Pérgamo, a Tiatira, a Sardis, a Filadelfia y a Laodicea".

Me volví para ver de quién era la voz que me hablaba y, al volverme, vi siete candelabros de oro. En medio de los candelabros estaba alguien "semejante al Hijo del hombre", vestido con una túnica que le llegaba hasta los pies y ceñido con una banda de oro a la altura del pecho. Su cabellera lucía blanca como la lana, como la nieve; y sus ojos resplandecían como llama de fuego. Sus pies parecían bronce al rojo vivo en un horno, y su voz era tan fuerte como el estruendo de una catarata. En su mano derecha tenía siete estrellas, y de su boca salía una aguda espada de dos filos. Su rostro era como el sol cuando brilla en todo su esplendor.

Al verlo, caí a sus pies como muerto; pero él, poniendo su mano derecha sobre mí, me dijo: "No tengas miedo. Yo soy el Primero y el Último, y el que vive. Estuve muerto, pero ahora vivo por los siglos de los siglos, y tengo las llaves de la muerte y del infierno.

Escribe, pues, lo que has visto, lo que sucede ahora y lo que sucederá después"».

Apocalipsis 1:9-19

Introducción

Nunca ha existido un momento más peligroso para la Iglesia. Ella nada contra la corriente moral de la cultura y, a decir verdad, lucha por mantenerse a flote.

Desde afuera, la Iglesia enfrenta la creciente opresión de los gobernantes tiránicos y la realidad de la creciente persecución a manos de una mayoría anticristiana. Desde adentro, algunos líderes de la Iglesia desvían a los cristianos con interpretaciones nuevas y al parecer más atractivas de la Escritura. Y aquellos que intentan permanecer fieles se quedan rascándose la cabeza con perplejidad, sin saber cómo responder. La situación se ve increíblemente sombría.

Pero el asunto es este: la Iglesia que describí en los párrafos anteriores no es, como de seguro pensaste, la Iglesia occidental de la actualidad. Es una Iglesia en un tiempo y lugar completamente diferentes: Asia Menor en el siglo ɪ y los destinatarios originales del libro de Apocalipsis.

Y esta era una Iglesia en peligro, pues enfrentaba las presiones de vivir en una cultura de inmoralidad e idolatría incontroladas (en Apocalipsis es denominada «la gran prostituta»), la tiranía de un régimen romano opresivo («la bestia») y la discriminación tanto por parte de líderes religiosos romanos y paganos como de las sinagogas judías («el falso profeta»), así como de la población en general («los habitantes de la tierra»).

Pero detrás del telón, todas estas presiones no eran más que herramientas que Satanás («el gran dragón») utilizó en su intento de destruir la Iglesia («la esposa del Cordero»).

Es otra Iglesia, que existió hace dos mil años y a varios miles de kilómetros de distancia; no obstante, algo en su experiencia nos recuerda bastante a la nuestra en la actualidad. Y no es de sorprenderse, porque tu iglesia enfrenta las mismas amenazas, a manos del mismo enemigo que emplea los mismos métodos y utiliza las mismas herramientas. Excepto que en la actualidad esto tiene una apariencia algo diferente. En la escena actual, los cristianos son el blanco de burlas en los programas de entrevistas o en las redes sociales. Los cristianos permanecen en temeroso silencio en su lugar de trabajo por miedo a perder sus empleos. Los equipos de liderazgo de las iglesias riñen debido a las diferencias teológicas. Las denominaciones adoptan una nueva definición del matrimonio. Las iglesias cierran y los promotores inmobiliarios les echan mano rápidamente para convertirlas en algo más «relevante». Las congregaciones se desaniman porque la asistencia mengua y porque el alma de su nación parece irreversiblemente perdida.

No se puede negar. No tiene sentido enterrar la cabeza en la arena. Todas las iglesias están en peligro, y eso incluye la tuya. De hecho, en realidad solo existen dos tipos de iglesias: aquellas que están sobriamente conscientes de los riesgos y se preparan para enfrentarlos, y aquellas que no se dan cuenta en absoluto. El diablo está al asecho de ambas. La pregunta es: ¿qué vas a hacer al respecto?

Querida Iglesia, Jesús nos envía Su amor

La buena noticia es que Jesús *ha hecho* algo en cuanto a las amenazas que tu iglesia enfrenta; Él nos escribió una carta.

Por lo general, la mayoría de nosotros no considera que el libro de Apocalipsis sea una carta, pero lo es. Tiene el saludo característico de bienvenida y una bendición final, y fue escrita para que circulara entre siete iglesias en Asia Menor, lo que ahora constituye la mayor parte de la Turquía actual. Jesús la escribió para «… mostrar a sus siervos lo que sin demora tiene que suceder…» (Apoc. 1:1). Él quería equiparlos para que derrotaran estas amenazas satánicas que ponían en peligro su testimonio fiel de Cristo y de Su evangelio. Para dar a conocer este mensaje, Jesús escogió al apóstol Juan, «hermano de ustedes y compañero en el sufrimiento, en el reino y en la perseverancia que tenemos en unión con Jesús» (v. 9). Pero esta carta es inusual en el sentido de que está escrita en el género de la literatura apocalíptica, que revela acontecimientos de juicio y salvación presentes y futuros a través de visiones, imágenes, sueños y símbolos vívidos y memorables.

Juan comienza su mensaje con una clara promesa: «Dichoso el que lee y dichosos los que escuchan las palabras de este mensaje profético y hacen caso de lo que aquí está escrito, porque el tiempo de su cumplimiento está cerca» (Apoc. 1:3). En otras palabras, Juan cumple la labor de profeta, y todos los que leen, escuchan y obedecen las palabras de esta profecía serán bendecidos; no serán vencidos por los peligros que enfrentan. Ellos conquistarán; ellos recibirán lo que Dios prometió; ellos serán bendecidos. Y esta promesa es para ti también y para tu iglesia.

Entonces, ¿qué es exactamente lo que tanto necesitamos escuchar? ¿Qué es lo que necesita la Iglesia cuando está angustiada, debilitada, amenazada y llega a preguntarse si Dios tiene el control? Necesitamos una visión. Cuando hay muchos en contra nuestra, necesitamos una visión de Aquel que está *de nuestra parte*: Jesucristo. Él es Aquel «… que nos ama y que por su sangre nos ha librado de nuestros pecados» (v. 5). Pero Él ya no cuelga de la cruz. En Apocalipsis 1:12-20, Juan describe su encuentro cara a cara con Jesús en Su condición actual: resucitado, ascendido, exaltado, glorificado. Y hay tres detalles que son particularmente alentadores.

Jesús está con nosotros

En primer lugar, vemos que Jesús está con nosotros. El apóstol Juan está orando un domingo cuando de repente escucha una voz. Él se da vuelta y ve «… siete candelabros de oro. En medio de los candelabros estaba alguien "semejante al Hijo del hombre" …» (vv. 12-13). Algunos versículos después, Jesús explica que «… los siete candelabros son las siete iglesias» (v. 20). El libro de Apocalipsis se escribe a siete iglesias específicas en Asia Menor en el siglo I, pero en aquella época existían más de siete iglesias en esa región (ver 1 Ped. 1:1). El número siete, que es símbolo de plenitud, indica que Apocalipsis fue escrito para todas las iglesias; incluida la tuya. «El que tenga oídos, que oiga lo que el Espíritu dice a las iglesias» (Apoc. 2:7).

Cual un candelabro, toda iglesia debe sostener la luz del mundo y ser un testigo fiel de Jesús y de Su evangelio en un mundo oscuro. Pero debes notar estas palabras de aliento: Jesús, el Hijo del Hombre, está en medio de Sus iglesias; de TODAS ellas, las buenas y las malas (y descubriremos que hay muchas de estas últimas). Ante la amenaza, no hay promesa más grandiosa que nosotros, o la Iglesia del siglo I, pudiéramos escuchar: que Jesús está presente con nosotros.

Pero Jesús no solo está con nosotros; Él está con nosotros para gobernarnos, para protegernos y para cuidar de nosotros y de nuestros mensajeros. «En su mano derecha…» esta brillante figura sostiene «… siete estrellas…» (Apoc. 1:16). Jesús explica que «… las siete estrellas son los ángeles de las siete iglesias…» (v. 20). Cada iglesia parece tener su propio ángel, que recibe el mensaje para cada una de las iglesias. Aquí lo importante es tener en cuenta que Jesús sostiene las «estrellas» en Su mano derecha; la mano del poder y la autoridad, de la protección y el cuidado. Jesús es soberano sobre estos mensajeros y, por extensión, Él gobierna sobre cada una de las iglesias de esos ángeles, y las cuida y protege como un pastor a sus ovejas.

Es posible que los peligros que enfrentamos parezcan abrumadores; sin embargo, los superaremos al mirar al Cristo todo glorioso y resucitado. Él está con nosotros; Él se preocupa por nosotros; nos protege; nos provee; nos sostiene en Su mano derecha, de la cual nada ni nadie puede arrebatarnos.

Jesús nos representa

En segundo lugar, Jesús es nuestro sacerdote. Juan describe la figura en medio de los candelabros como «semejante al Hijo del hombre» (Apoc. 1:13). En los Evangelios, Jesús utilizó este título a menudo para referirse a Sí mismo, y proviene de Daniel 7:13-14 (RVR1960), donde Daniel vio que «uno como un hijo de hombre» recibe un reino de manos del Anciano de días. Sin embargo, el hijo del hombre también está vestido como sacerdote: lleva «una túnica que le llegaba hasta los pies» y «una banda de oro a la altura del pecho» (Apoc. 1:13), al igual que los sacerdotes de Israel en Éxodo 28:4,31.

Jesús es Aquel que, finalmente y de manera fiel, cumple el destino de la humanidad de representar a Dios ante la creación cual un sacerdote real. Este fue el encargo dado a Adán y Eva en el jardín del Edén; encargo en el que fracasaron miserablemente. Por otro lado, aquí vemos que Jesús lo realiza a la perfección. Como sacerdote, Jesús representa a Dios ante el mundo. Él nos da una idea de cómo es Dios y nos revela Su gloria: «Sus pies parecían bronce al rojo vivo en un horno…» (Apoc. 1:15), y «Su rostro era como el sol cuando brilla en todo su esplendor» (v. 16). Él es el Hijo real, que gobierna con sabiduría divina, al igual que Su Padre: «Su cabellera lucía como la lana blanca, como la nieve…» (v. 14; Dan. 7:9). Y por ser el Hijo real, Jesús ha recibido toda la autoridad para juzgar. Nada escapa de Su mirada, porque «… sus ojos resplandecían como llama de fuego» (Apoc. 1:14). Y juzgará rápida, exhaustiva y justamente, pues juzgará por la palabra de Dios: «… de su boca salía una aguda espada de dos filos…» (v. 16; Apoc. 19:11-16).

Aunque al parecer los malvados prosperan continuamente y se salen con la suya en el mundo y con respecto a la Iglesia, nosotros podemos encomendarnos al Juez justo. A pesar de que las naciones se encolericen contra el Rey de Dios, ellas no podrán oponerse a Su gobierno. Pero nosotros no debemos temer el juicio venidero de Jesús, porque nos hemos encomendado al Sacerdote fiel de Dios, uno que no solo es representante de Dios para nosotros, sino que nos representa a nosotros ante Dios. Él mismo se convirtió en el sacrificio definitivo por los pecadores arrepentidos; aquel «… que por su sangre nos ha librado de nuestros pecados» (v. 5). Todos los que confían en Cristo no experimentarán el juicio de Dios, pues Jesús ya recibió la ira de Dios en nuestro lugar.

Jesús nos habla

Por último, Jesús pronuncia las palabras de Dios. Así como Israel escuchó la atronadora voz del Señor en el Monte Sinaí como «… Un toque muy fuerte de trompeta…» (Ex. 19:16,19), también Juan oye a Jesús hablar con «… una voz fuerte, como de trompeta» (Apoc. 1:10). Como Israel, Juan se sintió abrumado cuando escuchó la voz de Jesús, porque «… su voz era tan fuerte como el estruendo de una catarata» (v. 15).

La voz de Jesús es la voz de Dios; la palabra de Jesús es la palabra de Dios. Todos los que escuchan, leen y guardan Su palabra serán bendecidos (v. 3). Definitivamente, este es un mensaje que vale la pena escuchar. De hecho, la única respuesta apropiada a esta visión es postrarse ante Jesús con temor reverencial como lo hizo Juan (v. 17). Este Jesús es digno de toda nuestra adoración. Es ante Él que debemos inclinarnos, y no ante la cultura inmoral, ni ante los gobiernos tiránicos, ni ante las religiones anticristianas. Esas mismas amenazas que enfrenta nuestra Iglesia nos tentarán a negar a Cristo o nos inducirán a adorarlo.

Y lo adoramos con gozo, no con temor: «Al verlo, caí a sus pies como muerto; pero él, poniendo su mano derecha sobre mí, me dijo: "No tengas miedo…"». ¡Qué gloriosas palabras! Jesús es el Rey lleno de gloria y resucitado, pero nosotros, la Iglesia, no debemos temerle porque Jesús también es nuestro Salvador, quien estuvo «muerto, pero ahora [vive] por los siglos de los siglos…» (v. 18).

Hacia dónde vamos

Después de esta impresionante visión, en Apocalipsis 2 y 3, Jesús pasa a exponer las siete amenazas que enfrentan las iglesias en Asia Menor. Cada mensaje sigue un patrón similar. Primero, Él reafirma aspectos de esta visión que son relevantes para cada iglesia al enfrentar su peligro particular. Luego, Jesús evalúa cada iglesia y las elogia por lo que están haciendo bien o las reprende por lo que están haciendo mal, o ambas cosas. Por lo general, junto a la evaluación hay un llamado al arrepentimiento. Sin embargo, lo esencial de todos los mensajes son las promesas a los vencedores que aparecen al final de cada mensaje; promesas que se describirán con mayor detalle en Apocalipsis 19 al 22.

Debido a que Apocalipsis es una circular, cada iglesia debe escuchar «… lo que el Espíritu dice a las iglesias». Por lo tanto, las siete amenazas son representativas de las amenazas que todas las iglesias han enfrentado durante los últimos 2000 años. De esta forma, en los próximos siete capítulos, desempaquetaremos uno a uno cada mensaje. Veremos el texto con detenimiento y haremos una reseña de algunos detalles históricos útiles. Luego exploraremos las características de estas mismas amenazas en la vida de tu iglesia hoy y, lo que es crucial, qué hacer para evitarlas. La responsabilidad de proteger la iglesia no solo recae sobre los pastores y los ancianos, sino también sobre todos los miembros; por ende, este libro está escrito para *todos* aquellos que se preocupan por su iglesia.

Quiero advertirte algo: la lectura de este libro te resultará incómoda en algunas partes. De hecho, si no es así, es posible que no estés escudriñando tu corazón lo suficientemente bien. La mayoría de nosotros somos buenos para ver los peligros que realmente menos nos amenazan y cómo estos se aplican a los demás. La mayoría de nosotros somos mejores en señalar con el dedo a nuestro vecino que en ver nuestros propios problemas. Por lo tanto, lee este libro en oración, atentamente y con humildad; y mantén tu propia iglesia (y no la de otro) en el primer lugar de tu mente.

Y recuerda que Jesús no expone estas siete amenazas y nos exhorta a superarlas con nuestras propias fuerzas; más bien, Jesús nos llama a vivir por fe en Él y no por vista en nuestras circunstancias. Apocalipsis nos invita a ver este mundo, nuestra iglesia y nuestra vida desde la perspectiva del trono de Dios. A pesar de lo mal que se vean las cosas en este mundo, nuestro Dios soberano está en Su trono (Apoc. 4). Y a pesar de cuán fuera de control se vean las cosas en nuestra vida, Jesús ha recibido toda autoridad en el cielo y en la tierra y está ejecutando el plan eterno de Dios (Apoc. 5). Jesús vindicará a Su novia (Apoc. 19); Él aplastará a todo enemigo bajo Sus pies (Apoc. 20); y nos guiará a nuestra herencia eterna (Apoc. 21-22).

Alertados y preparados con esta profecía, seremos capaces de resistir pacientemente en este mundo mediante la fe en Cristo. No te hagas ilusiones: tu iglesia está en peligro. Pero no lo dudes: tú puedes vencer.

1

ORTODOXIA SIN AMOR

«Escribe al ángel de la iglesia de Éfeso:

Esto dice el que tiene las siete estrellas en su mano derecha y se pasea en medio de los siete candelabros de oro: Conozco tus obras, tu duro trabajo y tu perseverancia. Sé que no puedes soportar a los malvados, y que has puesto a prueba a los que dicen ser apóstoles, pero no lo son; y has descubierto que son falsos. Has perseverado y sufrido por mi nombre, sin desanimarte.

Sin embargo, tengo en tu contra que has abandonado tu primer amor. ¡Recuerda de dónde has caído! Arrepiéntete y vuelve a practicar las obras que hacías al principio. Si no te arrepientes, iré y quitaré de su lugar tu candelabro. Pero tienes a tu favor que aborreces las prácticas de los nicolaítas, las cuales yo también aborrezco.

El que tenga oídos, que oiga lo que el Espíritu dice a las iglesias. Al que salga vencedor le daré derecho a comer del árbol de la vida, que está en el paraíso de Dios».

Apocalipsis 2:1-7

ORTODOXIA SIN AMOR

Estaba recién graduado del seminario. Era mi primer pastorado. ¿Qué podría salir mal?

Después de todo, para esto me había preparado. Todo aquel aprendizaje del griego y del hebreo, los estudios del Antiguo y Nuevo Testamento y los montones de asignaturas sobre teología y ministerio pastoral tenían como propósito capacitarme para ministrar en la iglesia local. Y allí estaba yo. Ahora lo único que tenía que hacer era predicar la palabra de Dios con fidelidad y los perdidos llegarían a conocer a Cristo, a la vez que los creyentes se edificarían en la fe. Estaba seguro de que la iglesia crecería por sí misma, pues, como había leído en algunos de esos libros del seminario, «las cosas sanas crecen».

Si todo fuera tan sencillo. En retrospectiva, yo comencé mi primer pastorado más preocupado por asegurarme de que la iglesia recibiera todas las doctrinas y las prácticas bíblicas «correctas» que por el cuidado de la salud espiritual de las personas que componían la iglesia. Como resultado, mis sermones, aunque fielmente expositivos, eran demasiado largos. Mi paciencia para ver el cambio que la iglesia necesitaba resultó ser demasiado corta. En teoría, la iglesia caminaba en la dirección correcta, pero, en realidad, mi corazón estaba en el lugar equivocado.

La mayoría de los líderes eclesiásticos terminan su capacitación ministerial con la cabeza llena de conocimientos sobre la teología correcta y las prácticas correctas de la Iglesia, independientemente de que provengan de un seminario, de una escuela de pastores o de una

11

ayudantía pastoral. ¡Y eso es bueno! Pero, si no tenemos cuidado, podemos entrar al ministerio pastoral más enamorados de la *idea* de una iglesia sana que con un amor verdadero por la Iglesia por la cual Cristo murió, y que está justo enfrente de nosotros. Muchísimos de nosotros entramos al ministerio con la esperanza de ser el próximo John Stott o John Piper, o de querer pastorear la iglesia de Mark Dever o Tim Keller. Cuando comenzamos el ministerio con tal idealismo teológico y eclesiástico, las personas a las que estamos llamados a pastorear nunca estarán a la altura de nuestras expectativas. En lugar de pastorear a la grey de Dios entre la que nos encontramos, terminamos pastoreando la grey de Dios en nuestra imaginación. Y, en nuestra imaginación, siempre tenemos la razón; y *ellos* (quienquiera que *ellos* sean) siempre están equivocados. Cuando llegamos a ese punto en el ministerio pastoral, ellos siempre pierden. Pero de lo que quizás no nos percatamos es de que nosotros también perdemos. Perdemos credibilidad; perdemos la confianza de la gente; y, lo más peligroso, podemos incluso perder la capacidad de amar a las ovejas de Cristo.

Pero el cristiano en el banco tampoco está exento de la trampa del idealismo ministerial. Es posible que puedas pensar en algunos miembros de tu congregación a quienes les encanta la teología (¡incluso esa persona podrías ser tú mismo!); les encanta escuchar los sermones de los pastores famosos que dan forma al evangelicalismo contemporáneo; ellos leen todos los libros, siguen todos los blogs y emiten en directo todas las conferencias. Y eso también es magnífico, ¿verdad? ¡Todo el pueblo de Dios debería amar la teología y crecer al escuchar buenas predicaciones! Pero, si ese fuera yo, en lugar de amar a mi iglesia y a mi pastor, me vería inclinado a desarrollar una idea de cómo deberían ser mi iglesia y mi pastor. Si fuera sincero, admitiría que preferiría ser miembro de la iglesia St. Helen's Bishopsgate en Londres o de The Village Church en Dallas. Preferiría tener a Alistair Begg o a John MacArthur como mi pastor; y, cuando esto sucede, es probable que desarrolle un espíritu crítico. La predicación en *mi* iglesia nunca será lo suficientemente fiel; la teología en *mi* iglesia nunca será lo suficientemente correcta; y las prácticas de *mi* iglesia nunca serán lo suficientemente bíblicas. Cuando los miembros de la iglesia se vuelven tan críticos, *su* pastor nunca puede ganar. Pero de lo que no se dan cuenta es de que ellos tampoco ganarán.

Miembros de la iglesia como estos pierden el gozo; pierden la unidad; y pueden también perder la capacidad de amar a la familia eclesiástica de la que Dios los ha rodeado.

Aquí es necesaria una advertencia: es cierto que algunos pastores no son fieles, y algunas iglesias no son saludables. Y, como cristianos, todos somos llamados a seguir «… luchando vigorosamente por la fe encomendada una vez por todas a los santos» (Jud. 1:3). A veces esto implica realizar fuertes cambios y tener conversaciones difíciles; no obstante, a través de todo el Nuevo Testamento, el llamado a luchar por la fe se corresponde con el mandamiento de amar. Nunca debemos poner a la verdad en contra del amor, o viceversa.

A menudo pienso que son las iglesias reformadas las que corren el mayor riesgo de enfocarse en la verdad a expensas del amor, especialmente en nuestro clima cultural actual. Al viajar por Estados Unidos y Latinoamérica, me alienta muchísimo el nuevo despertar de la teología de la Reforma que presencio entre los jóvenes cristianos. Pero, al mismo tiempo, me preocupan algunas de las aplicaciones extremas, antibíblicas y la falta de amor de esta teología que algunos «reformadores» celosos e inmaduros ponen en práctica. No es ningún secreto que el mar de cambios culturales que la Iglesia debe recorrer implica que defendamos la fidelidad bíblica en un mundo hostil, y no es raro que estas influencias culturales invadan y pongan en peligro a la Iglesia. No obstante, debido a que las circunstancias exigen que luchemos por la pureza doctrinal, existe el peligro de que enfaticemos la doctrina y la práctica correctas y olvidemos el amor por los demás. En nuestro afán por mantener la pureza de la Iglesia, podemos olvidarnos de que la Iglesia mantenga un ambiente amoroso.

Sin embargo, esto no es una amenaza nueva. De hecho, es la primera amenaza que el Cristo resucitado expone en Apocalipsis 2:1-7: el peligro de la ortodoxia sin amor.

Fieles bajo ataque

Antes de abordar la amenaza que enfrenta la iglesia de Éfeso, el Cristo resucitado les asegura quién Él es. Jesús se describe a Sí mismo como: «… el que tiene las siete estrellas en su mano derecha y se pasea en medio de los siete candelabros de oro» (2:1). Juan ya nos declaró en Apocalipsis 1:20 lo que simbolizan las estrellas y los candelabros: «… las siete estrellas son los ángeles de las siete iglesias, y los siete candelabros son las siete iglesias». Y ahora se nos plantea que Jesús «se pasea» en medio de los candelabros (2:1). ¡Observa aquí tanto la autoridad como el amor de Cristo! Jesús «tiene» sus estrellas; Él tiene autoridad sobre sus ángeles, y entonces el mensaje que está a punto de pronunciarse viene con Su autoridad suprema. Pero Él también «se pasea en medio de» Sus iglesias. Él está con ellas. Antes de evaluar la iglesia y exponer su pecado, Él le promete Su presencia, Su cuidado y Su protección.

La presencia de Cristo de seguro fue especialmente alentadora para la iglesia de Éfeso, porque el Éfeso del primer siglo era un lugar difícil para el ministerio del evangelio. Esta ciudad era un centro político, comercial y religioso. Desde el punto de vista político, era la ciudad más importante de la provincia romana de Asia. Comercialmente, era una ciudad portuaria, lo cual facilitaba el negocio y el comercio. En términos de religión, alojaba una de las siete maravillas del mundo: el templo de la diosa griega de la fertilidad, Artemisa (Hech. 19:23-34); y también sirvió como centro para el culto imperial, que honraba a los emperadores romanos como si fueran dioses. Apenas podemos imaginar las presiones culturales que enfrentaban los cristianos en Éfeso.

Al leer otras porciones del Nuevo Testamento, nos damos cuenta de que tristemente la iglesia en Éfeso no siempre fue saludable, y que sus pastores no siempre fueron fieles. En su discurso de despedida a los ancianos de la iglesia, el apóstol Pablo les advirtió que después de su partida aparecerían falsos maestros de entre ellos «para arrastrar a los discípulos» (Hech. 20:29-30). Parece que estas preocupaciones se habían materializado cuando Timoteo asumió el liderazgo en la iglesia de Éfeso. Evidentemente, las personas con autoridad para enseñar se habían «desviado» de la sana doctrina (1 Tim. 1:3-7). Debido a que los ancianos poseen la autoridad fundamental y la responsabilidad de enseñar a la iglesia, y debido a que Pablo dedica tanto tiempo en su primera carta a Timoteo para abordar los requisitos de los ancianos (3:1-7), parece que la fuente de la falsa doctrina en Éfeso eran sus propios ancianos, tal como Pablo lo había advertido.

Ya cuando Pablo escribió su segunda carta a Timoteo, la presión para que Timoteo transigiera doctrinalmente y no predicara la Palabra era tan grande que Pablo le encargó a Timoteo que predicara la Palabra, sin importar cómo pudiera ser recibida (2 Tim. 4:1-5), y que, si fuera necesario, estuviera dispuesto a sufrir por causa del evangelio (1:8-14). Líderes de la iglesia que enseñan doctrina falsa y miembros de la iglesia que se niegan a tolerar la sana doctrina constituyen señales de una iglesia enferma. No es de extrañar que Pablo le pidiera a Timoteo que permaneciera en Éfeso (1 Tim. 1:3).

Sin embargo, al avanzar cerca de 30 años hasta llegar a las palabras de Jesús en Apocalipsis, parece que la iglesia de Éfeso ha logrado dar un giro a los acontecimientos. Han trabajado a fin de poner a prueba y desenmascarar a los falsos apóstoles (Apoc. 2:2); han «perseverado y sufrido» tanto frente a la presión del mundo como a la interna de la iglesia, para la gloria del nombre de Cristo; y, en todo esto, sin desanimarse (v. 3). Jesús reconoce que, en este entorno pujante y cosmopolita, la iglesia de Éfeso no ha transigido en su fe, sino que perseveran bajo todas las influencias políticas, culturales y religiosas en la ciudad, y trabajan arduamente para mantener la ortodoxia. Ellos se ocupan con esmero en mantener la pureza doctrinal, y Jesús los elogia por esto.

Quizás tú también conozcas las presiones de vivir como cristiano en un contexto cosmopolita. Ciudades como Londres o Nueva York, Shanghái o Dubái son, en muchos sentidos, realmente similares a Éfeso: importantes centros de gobierno, de comercio e incluso de religión. Nuestras ciudades ahora, como en aquel entonces, son polos de diversidad y, a menudo, un terreno difícil para el ministerio del evangelio. De acuerdo, Éfeso estaba bajo un gobierno romano totalitario que podía presionar a la iglesia en formas que los occidentales aún no hemos experimentado hoy; pero, al igual que la iglesia en Éfeso, la Iglesia en Occidente hoy debe mantener la pureza doctrinal en un ambiente hostil. ¡No podemos transigir!

Y quizás no sea tu caso, tal vez te encuentres en una iglesia saludable con pastores fieles. Tu iglesia predica el evangelio, ama la sana doctrina y venera la palabra de Dios. Tu iglesia defiende la verdad y lucha contra la decadencia cultural; y hace ambas cosas con denuedo. Si ese es tu caso, ¡alabado sea Dios!

Pero cuidado. Antes de que tú mismo te des una palmadita en la espalda, debes saber que el mensaje de Jesús no tiene un final muy agradable. Es difícil imaginar una iglesia más fiel que la de Éfeso. En un contexto ministerial difícil, ellos se ocuparon a la perfección de los aspectos doctrinales y eclesiásticos. Al igual que tú, eran doctrinalmente ortodoxos y entendidos en lo teológico; no aguantaban a los vendedores ambulantes del «evangelio» que intentaban introducir nuevas enseñanzas extrañas en nombre de Cristo. Su celo no mostraba señales de decadencia.

Pero Jesús afirma: *eso no significa nada*. A ellos les falta algo, y ese algo significa todo. Y necesitamos sentir la contundencia del golpe: ese algo no es la sana doctrina.

El algo que significa todo

Esto dice el Señor Jesús a la iglesia en Éfeso: «… tengo en tu contra que has abandonado tu primer amor» (v. 4). Para tomar prestadas las palabras de Pablo, la pureza doctrinal sin amor es como «… metal que resuena o un platillo que hace ruido». Si tengo la doctrina correcta y las prácticas correctas, «… pero me falta el amor, no soy nada». Si disciplinamos a todos los falsos maestros y quemamos todos los planes de estudio heréticos, «… pero no tengo amor, nada gano con eso» (1 Cor. 13:1-3).

Es una pena que la iglesia de Éfeso hizo esto exactamente. Creyeron en las cosas correctas e hicieron lo correcto. Protegieron la iglesia de personas malvadas y de falsos apóstoles. Sin embargo, a pesar de todos los aciertos, abandonaron el amor (Apoc. 2:4). Esto no es un delito pequeño. Recuerda que esta es la primera amenaza que Jesús desea exponer; de entre siete iglesias, Jesús habla primero sobre esta. Es una amenaza que viene con una advertencia clara: a menos que se arrepientan, Jesús quitará su candelabro (v. 5). Si continúan, perderán el derecho eterno sobre el mismo evangelio que defienden tan apasionadamente.

Entonces esta amenaza es seria. Pero, ¿qué significa exactamente haber «… abandonado tu primer amor» (v. 4)?

Cuando un fariseo le preguntó a Jesús: «Maestro, ¿cuál es el mandamiento más importante de la ley?», Él respondió: «… ama al Señor tu Dios con todo tu corazón, con toda tu alma y con toda tu mente…». Pero Jesús continuó: «El segundo se parece a éste: ama a tu prójimo como a ti mismo. De estos dos mandamientos dependen toda la ley y los profetas» (Mat. 22:36-40). El amor por Dios es inseparable del amor por los demás.

En su primera carta, el apóstol Juan también une el amor por Dios y el amor por los demás, al argumentar que nuestro amor mutuo *brota del* amor de Dios por nosotros. Juan expresa: «Amémonos unos a otros, porque el amor es de Dios, y el que ama ha nacido de Dios y conoce a Dios» (1 Juan 4:7). De hecho: «El que no ama no conoce a Dios, porque Dios es amor» (v. 8).

¿Cómo es el amor de Dios exactamente? Este se manifiesta de la manera más gloriosa al enviar a Jesús para salvarnos del juicio. Juan explica: «En esto consiste el amor: no en que nosotros hayamos amado a Dios, sino en que él nos amó y envió a su Hijo para que fuera ofrecido como sacrificio por el perdón de nuestros pecados» (v. 10). Ese sencillo versículo debería alentar tu corazón y afirmar tu mente; si no lo hace, ¡retrocede y vuelve a leerlo! Medítalo; saboréalo. Esta verdad es personal, profunda y sumamente sencilla, todo al mismo tiempo: «Él nos amó».

Al meditar en la verdad del amor de Dios por nosotros en Cristo, nuestros corazones deben ser guiados en dos direcciones. Primero, debemos ser movidos a amar y adorar a Dios. Pero para aquellos de nosotros que somos consumidores teológicos y reformadores celosos, debemos tener cuidado de que nuestro amor por Dios no se convierta en un mero amor por la teología. Una vez que la gracia de Dios nos ha alcanzado, es natural que deseemos crecer en nuestro conocimiento de Dios. Pero con demasiada frecuencia, este amor por *conocer a Dios* se convierte en un mero amor por *conocer sobre Dios*. Si no tenemos cuidado, Dios puede convertirse en un objeto de estudio impersonal. Y, cuando eso suceda, nuestras cabezas se colmarán con el estudio de la doctrina, pero nuestros corazones se enfriarán a la verdad, la belleza y la gloria del Dios trino. Cada sermón que preparamos, cada estudio bíblico al que asistimos y cada podcast que escuchamos, deberían conducirnos a un amor más profundo por Dios que nos mueva a responder en adoración, alabanza y reverencia por Él. Esa debe ser siempre la meta. Si no es así, no solo estamos perdiendo el tiempo, sino que nos estamos exponiendo al peligro.

Segundo, un amor profundo por los demás debería fluir de nuestro conocimiento de Dios y Su amor por nosotros. Por lo tanto, «El que no ama no conoce a Dios, porque Dios es amor» (v. 8). El amor es la señal inequívoca de un cristiano. El amor de unos por otros no solo anuncia al mundo que seguimos a Jesús (Juan 13:35), sino que también demuestra que Jesús es quien afirma ser (17:20-21). Debemos ser una prueba viviente de la verdad que proclamamos. Entonces, abandonar el amor (Apoc. 2:3) no significa solamente perder tu afecto y celo por el Dios que envió a Su Hijo para salvarnos de Su ira; también significa fracasar en amar a los demás.

No es difícil abandonar el amor. Esto no sucede de golpe. Considera a una cristiana nueva. Con gran entusiasmo, ella devora la Biblia y se lee con avidez dos o tres libros cristianos a la semana. Pero, a medida que su conocimiento aumenta, también aumenta su orgullo. Antes de darse cuenta, siente que ha crecido más que la mayoría de los cristianos a su alrededor. Nuestra cristiana piensa para sí misma que, a diferencia de ella, los demás son perezosos en la lectura de la Biblia; a diferencia de ella, estos no toman en serio su pecado; a diferencia de ella, están demasiado arraigados a este mundo. A medida que aumenta el orgullo espiritual, también aumenta nuestra disposición a juzgar pecaminosamente a los demás. Y, a medida que aumenta nuestra disposición a juzgar pecaminosamente a los demás, nuestro amor por ellos se torna cada vez más frío.

O imagina un pastor que se ha hastiado de la Biblia, de Dios y de su iglesia, pero entonces descubre la teología reformada. Nunca antes había sentido tanta admiración por Dios; nunca antes había estado tan consciente de la gracia y la soberanía de Dios. Por primera vez en mucho tiempo, su fe y su amor por Dios y por Cristo están creciendo. Pero rápidamente se da cuenta de que su congregación no está con él. Ellos plantean que su predicación ha cambiado. Sus sermones ahora parecen más difíciles de entender. De hecho, son mucho más largos. Y el pastor se pone a la defensiva; siente que la congregación está en su contra, pero se compromete a defender la fe verdadera a pesar de que sea recibida con frialdad. Entonces sigue adelante con todas sus energías. Los sermones que una vez parecían difíciles de entender, ahora son claros; es decir, claros en su condena. La congregación siente que estos son duros, pero el pastor está convencido de que ahora separa fielmente el trigo de la paja. Sin embargo, es lamentable que no se percate de que ha «abandonado [su] primer amor».

Seamos honestos. Todos sabemos que es fácil perder el amor por quienes nos critican, se quejan de nosotros o incluso nos atacan. Es en contextos como estos que Jesús nos ordena: «... Amen a sus enemigos y oren por quienes los persiguen, para que sean hijos de su Padre que está en el cielo...» (Mat. 5:44-45). Sin embargo, también es fácil perder el amor por aquellos a quienes consideramos inferiores a nosotros en su doctrina y prácticas. Nuestra unidad y amor por otros creyentes tiene como propósito ser un testigo poderoso de la verdad de que el Padre ha enviado a Su Hijo y que somos cristianos genuinos. ¡Por eso me entristece ver a hermanos y hermanas en Cristo caer en discusiones acaloradas en Twitter o Facebook sobre asuntos teológicos de poca importancia!

Y recordemos que el odio y la mordacidad que un mundo hostil e incrédulo nos arrojan solo aumentarán, pero estas personas no son nuestros enemigos, son nuestro campo misionero. Y aquellos que son diferentes a nosotros, pero que también siguen a Cristo, tampoco son nuestros enemigos; son nuestra familia. Somos llamados a amar a los dos. Y aunque puede llegar el momento en que ya no nos asociemos con los cristianos profesantes que promueven divisiones y falsas enseñanzas en la Iglesia (2 Tim. 3:1-9), la Biblia en ninguna parte nos concede la licencia para abandonar el amor.

En su libro *What Did You Expect?* [¿Qué estabas esperando?], Paul Tripp define el amor de esta manera: «El amor es estar dispuesto al autosacrificio por el bien del otro, sin exigir reciprocidad ni que la persona amada sea merecedora de ese amor». Creo que es una definición útil del amor. Debido al amor de Dios por nosotros en Cristo y al ejemplo del amor de Cristo por nosotros, hemos de vivir vidas de autosacrificio voluntario por los demás. La posibilidad de que Jesús elimine el candelabro de los efesios (y con esto su condición de iglesia), nos muestra que es posible creer lo correcto y no ser iglesia. Es posible hacer todas las cosas correctas y no ser iglesia. Es posible defender los valores morales correctos y no ser iglesia. Pero, si practicamos el amor genuino por los demás, le mostraremos al mundo que somos seguidores de Jesús, y que el Padre ha enviado a Su Hijo al mundo para salvar el mundo.

Recuerda y arrepiéntete

Quizás estás leyendo esto y te sientes cada vez más incómodo; puedes ver que tu amor se está enfriando. Ánimo, hay buenas noticias.

Cuando nos damos cuenta de que hemos descuidado el amor, tenemos que prestar atención a la advertencia del Cristo resucitado: «¡Recuerda de dónde has caído! Arrepiéntete y vuelve a practicar las obras que hacías al principio…» (Apoc. 2:5). En Su misericordia, Jesús nos muestra el camino de regreso. Primero, Él nos señala: «Recuerda». ¿Recuerdas la frescura y la vitalidad de tu amor por Dios y por Cristo cuando comprendiste al principio la verdad del evangelio? ¿Recuerdas cuánto entusiasmo sentías por Cristo, Su palabra y Su Iglesia? Jesús nos llama a recordar cuánto solíamos amarlo.

En segundo lugar, nos declara: «Arrepiéntete»; es decir, que nos alejemos de la falta de amor y que regresemos al amor por los demás que fluye de nuestro amor por Él. Pero, para hacer eso, debemos cambiar nuestro pensamiento. Eso es lo que significa la palabra traducida como «arrepiéntete» en el versículo 5. Necesitamos reemplazar las formas incorrectas de pensar por formas evangélicas de pensar. Quizás, antes de seguir leyendo, necesites poner a un lado este libro, confesar a tu Padre tu falta de amor y pedirle que te llene con un conocimiento más profundo de Su amor por ti, para que desde tu corazón fluya amor hacia los demás.

Y después de haber cambiado nuestra mentalidad hacia Dios, el evangelio y nuestros oponentes, podemos, en tercer lugar, «practicar las obras» de amor que realizábamos tan fácilmente cuando llegamos a la fe en Cristo.

¿Cómo se ve eso a nivel de la iglesia como un todo? Primero, los pastores tienen la responsabilidad de modelar ese amor y de ayudar a sembrar una cultura de amor fraternal dentro de la iglesia. ¡Y para amar a la gente hay que comenzar por conocer a la gente! Una de las herramientas más útiles que tenemos en nuestra iglesia es un directorio de miembros con sus fotos. A menudo alentamos a todos los miembros a orar cada día por las personas que aparecen en una página del directorio. También les pedimos que usen el directorio para conocer a otros miembros que actualmente no conocen. Además, instamos a nuestros miembros a venir temprano a los servicios y a quedarse hasta tarde para tener tiempo de conocerse y alentarse unos a otros.

Puede haber varias maneras en que el liderazgo de una iglesia fomente una cultura amorosa; por ejemplo: promover la hospitalidad, alentar a los grupos en las casas o fomentar el compañerismo en toda la iglesia. Pero lo más importante es que los líderes deben modelar ese amor en sus interacciones con la iglesia. Entonces, ¿cuándo fue la última vez que invitaste a otros miembros a cenar en tu casa? ¿Cuándo fue la última vez que oraste por cada miembro de tu iglesia por su nombre? ¿Conoces bien lo que está sucediendo en sus vidas para orar por sus situaciones específicas?

No obstante, las palabras de Jesús en Apocalipsis 2:6 nos recuerdan que el llamado al amor no es un llamado a abandonar la verdad. Jesús elogia a la iglesia de Éfeso porque ellos aborrecen «... las prácticas de los nicolaítas, las cuales yo también aborrezco». Pero fíjate en lo que Jesús plantea. Él elogia a los efesios no por odiar a los nicolaítas, sino por odiar sus prácticas. No sabemos mucho sobre los nicolaítas, pero volveremos a ellos en el capítulo 3. Por ahora, sabemos todo lo que necesitamos saber. De la misma forma en que nuestras obras de amor exponen nuestro amor por Dios, las obras de los nicolaítas exponen su falsa doctrina. Entonces, Jesús declara que Él también odia las obras de los nicolaítas. Él odia lo que están enseñando y las prácticas resultantes que esa enseñanza produce.

Sin embargo, cuando la corrección se hace necesaria, aquellos de nosotros que somos pastores debemos corregir a los oponentes en la iglesia con amabilidad, gentileza, compasión y amor, y orando «... con la esperanza de que Dios les conceda el arrepentimiento para conocer la verdad, de modo que se despierten y escapen de la trampa en que el diablo los tiene cautivos...» (2 Tim. 2:25-26). Cuando modelamos dicha corrección compasiva por el bien de «nuestros oponentes», le estamos enseñando a nuestra gente cómo abordar los conflictos de manera piadosa.

No hace mucho tiempo, a nuestros ancianos les dieron a conocer sobre un miembro que estaba promoviendo en Facebook una falsa interpretación de un determinado pasaje bíblico. Esto era algo extremadamente raro en este miembro, pero, en lugar de dictar sentencia, uno de nuestros pastores acudió a otro miembro que lo conoce bien y a quien este hermano respeta. El miembro finalmente me envió un correo electrónico, donde me mostraba personalmente la «evidencia» de su interpretación. Le respondí mediante una serie de preguntas y luego le presenté el caso para una interpretación adecuada del pasaje en cuestión. Pasó un tiempo, y no estoy seguro de que lo hayamos convencido del todo, pero finalmente cedió, porque estaba solo en su interpretación contra todos estos otros hermanos que lo aman y a quienes él respeta. Es verdad que estos conflictos no siempre tienen un buen final. Pero, si no somos amorosos, no traeremos a las personas de regreso a Cristo y a la Iglesia, sino que los alejaremos todavía más.

La verdad es importante, pero no se puede separar del amor. El amor es importante, pero no se puede separar de la verdad.

El paraíso prometido

Luego Jesús hace una promesa maravillosa para aquellos que se aferran a la verdad y al amor: «Al que salga vencedor le daré derecho a comer del árbol de la vida, que está en el paraíso de Dios» (Apoc. 2:7). En el paraíso, Dios caminaba por el jardín en medio de Su pueblo, en una comunión agradable y amorosa (Gén. 3:8). La presencia del árbol de la vida en el jardín significaba que esta comunión entre Dios y la humanidad duraría para siempre. No obstante, cuando Su pueblo pecó, Dios los apartó de Su presencia. Adán y Eva, y todos los seres humanos desde entonces, no tuvieron más acceso al árbol de la vida; pero aquí Jesús promete abrir el acceso nuevamente. La iglesia de Éfeso y tu iglesia pueden venir, comer y disfrutar de la vida eterna en la presencia de Dios.

El que habla a los creyentes de Éfeso no es otro que quien se pasea entre las iglesias (Apoc. 2:1). Si no se arrepienten, Jesús quitará su candelabro. Ellos ya no serán iglesia; Jesús ya no se paseará entre ellos (v. 5). Pero el que venza no tiene nada que temer. Dios le dará acceso al árbol de la vida en el paraíso, donde Él y Su pueblo caminarán en perfecta comunión una vez más, pero, esta vez, por toda la eternidad.

Yo he estado participando en el ministerio de la iglesia local desde que tenía 19 años, y he desempeñado varias funciones dentro del personal de la iglesia. Pero no fue hasta el otoño del 2000 que por primera vez ocupé el cargo de pastor principal. En seis meses, el período de luna de miel ya había terminado. Si bien mis estudios de seminario me ayudaron a sentar las bases para manejar la Escritura y pensar bíblicamente sobre la Iglesia, nada me preparó para las responsabilidades de ser el único pastor de una congregación. Algunas de mis resoluciones fueron nobles: estaba decidido a predicar, de forma expositiva, libros enteros de la Biblia; decidí no poner en práctica ningún cambio significativo durante el primer año; y esperaba ayudar a edificar la iglesia y permanecer como su pastor por el resto de mi ministerio.

Sin embargo, en retrospectiva me pregunto si yo estaba más enamorado de la idea de tener una iglesia saludable que de la iglesia misma, con sus miembros tal como eran. A decir verdad, fue la etapa más difícil del ministerio para mí y mi familia. Por la gracia de Dios vimos frutos en el ministerio, pero había abundancia de ingenuidad e inmadurez tanto en el pastor como en la congregación. A pesar de todo, independientemente de lo difícil que fue ese ministerio, el Señor me enseñó que la doctrina correcta y las prácticas correctas de la iglesia, aunque son importantes, no hacen de la iglesia una comunidad sana, ni constituyen un testimonio fiel al entorno circundante.

La doctrina correcta no es suficiente, porque el amor es esencial.

2

MIEDO AL SUFRIMIENTO

«Escribe al ángel de la iglesia de Esmirna:

Esto dice el Primero y el Último, el que murió y volvió a vivir: Conozco tus sufrimientos y tu pobreza. ¡Sin embargo, eres rico! Sé cómo te calumnian los que dicen ser judíos, pero que, en realidad, no son más que una sinagoga de Satanás. No tengas miedo de lo que estás por sufrir. Te advierto que a algunos de ustedes el diablo los meterá en la cárcel para ponerlos a prueba, y sufrirán persecución durante diez días. Sé fiel hasta la muerte, y yo te daré la corona de la vida.

El que tenga oídos, que oiga lo que el Espíritu dice a las iglesias. El que salga vencedor no sufrirá daño alguno de la segunda muerte».

Apocalipsis 2:8-11

MIEDO AL SUFRIMIENTO

Mis padres no tenían dinero para enviarme a la universidad, entonces, para pagar mis estudios, me alisté en la Marina de Estados Unidos. Por la bondad de Dios, finalmente gané una beca de la Armada para la Universidad de la Florida.

Como parte de mi entrenamiento, trabajé en un remolcador un verano. Nuestra tarea consistía en guiar sin incidentes barcos enormes por el puerto, solo mediante cuerdas gruesas y pesadas («sogas», para la persona no experta en términos náuticos). Una mañana, el suboficial asignado al remolcador estaba preparando las cuerdas. Puedes imaginar cuán gruesas y pesadas serían como para arrastrar navíos tan grandes, pero este hombre las arrojaba de un lado a otro como si fueran hilo dental. Mientras las organizaba, comenzó a hablar mal de los cristianos, sobre lo hipócritas y poco confiables que eran. Entonces levantó la vista hacia mí, con 19 años en aquel momento y solo dos de convertido, y me dijo: «Tú no eres uno de esos cristianos, ¿o sí?».

Ese era el momento. Aquella era la primera hora de la verdad en mi joven vida cristiana. Era el momento de defender mi fe y reunir el valor necesario para no negar a mi Señor. Era la oportunidad de declarar mi lealtad al Rey Jesús y, en amor, explicar el evangelio a aquel escéptico.

Entonces, respondí: «¿Yo? ¡No, yo no! No soy uno de esos cristianos».

De inmediato, un profundo pesar se apoderó de mí; sentí una revoltura en el estómago y recordé al discípulo Pedro, quien negó a Jesús tres veces. Pero ni mi pesar, ni mi malestar, ni recordar a Pedro me urgieron a hablar.

¿Qué ocurrió? ¿Por qué, en ese momento, me convertí en un cobarde? La respuesta es fácil: tuve miedo. Tuve miedo de lo que ese marinero intimidante e incrédulo pensara de mí, de lo que él podría decirme o hacerme. Tuve miedo de sufrir por el nombre de Cristo, aunque fuera solo un poco. Sospecho que no soy el único.

Tarde o temprano, todos tendremos que enfrentar la opción de identificarnos públicamente con Cristo o negarlo. Puede ser una joven de origen musulmán que viene a la fe en Cristo y le teme a su padre y a sus hermanos. O un esposo de origen judío que viene a la fe en Cristo y se ve obligado a lidiar con el sentimiento de traición que sus padres y esposa sienten. O un profesor universitario de origen ateo, cuya carrera está en peligro debido a su nueva cosmovisión. En todas estas circunstancias, estos nuevos cristianos enfrentarán el sufrimiento; abrazar su fe potencialmente los llevará a perder su vida, su familia o su empleo.

Pero tal vez ese no eres tú. Después de todo, no todos los sufrimientos ponen en peligro la vida o acaban con una carrera, ¿verdad? Casi todos nosotros padeceremos el rechazo social, las críticas o seremos ridiculizados por identificarnos con Cristo. La amistad que se enfría, los comentarios sarcásticos en la mesa durante la cena, los susurros de chismes a nuestras espaldas: estos son sufrimientos pequeños en comparación con otros; pero aun así duelen. Y, sin embargo, nos obligan a tomar una decisión: ¿nos identificaremos con Cristo o lo negaremos?

Por supuesto, tampoco todas las negaciones de Cristo son iguales. Algunas negaciones son públicas, verbales y rotundas; otras son «negaciones funcionales» debido a nuestro silencio. Cuando vivimos nuestra vida tratando de ocultar el hecho de que pertenecemos a Jesús, estamos negando a Cristo. Cuando las voces anticristianas se levantan en contra de Jesús, en la escuela, en el trabajo o en el grupo de juego de nuestros hijos, y permanecemos en silencio mientras difaman y denigran a Jesús, estamos negando a Cristo. Conscientemente o no, seguimos el camino de la menor resistencia. Nos aseguramos de no atraer demasiada atención sobre nosotros mismos por causa de Cristo. Mantenemos nuestra fe «privada». Nunca aseveramos abiertamente «No pertenezco a Jesús», pero nuestro silencio lo grita por nosotros.

Sin embargo, en nuestras iglesias con mucha frecuencia nosotros tácitamente justificamos o incluso promovemos esta actitud «cabizbaja». Asentimos, sonreímos y señalamos: «Sí, eso no es fácil», sin siquiera desafiar esa postura o mostrar una mejor.

Ya sea funcional o real, la negación es negación. Y estas negaciones casi siempre están enraizadas en el miedo al sufrimiento, incluso si el sufrimiento a veces es más grande en nuestra mente de lo que sería en la realidad.

Esta es la segunda amenaza que enfrenta tu iglesia: que, ante la persecución, permitamos que el miedo al sufrimiento nos haga negar a Cristo. Ante tal peligro, Jesús exhorta a la Iglesia a no tener miedo del sufrimiento cristiano, sino a permanecer fiel, incluso hasta la muerte.

¿Está Jesús siendo poco realista en esto? ¿Cómo pueden los cobardes como yo vencer ese miedo? El mensaje de Jesús a la iglesia en Esmirna nos lo demuestra.

Hacer historia

Situada justo al norte de Éfeso en la costa del Mar Egeo, Esmirna (hoy en día, Izmir, Turquía) era la siguiente ciudad que recibiría la carta de Apocalipsis. Al igual que con los mensajes a cada una de las iglesias, Jesús comienza Su mensaje a los cristianos de esta ciudad describiéndose a Sí mismo como exactamente lo que ellos necesitan. Cuando tenemos miedo de lo que la gente puede hacernos, debemos recordar que Jesús es «el Primero y el Último» (Apoc. 2:8). Jesús es la Palabra viviente y divina que, al crear todas las cosas, puso la historia en marcha (Juan 1:1-3), y es la Palabra de Dios Fiel y Verdadera, que pondrá fin a la historia humana cuando regrese para juzgar a los vivos y a los muertos y para establecer la nueva creación (Apoc. 19:11,13). Es por eso que Jesús puede afirmar de Sí mismo lo que solo se puede afirmar de Dios: «Yo soy el Alfa y la Omega, el Primero y el Último, el Principio y el Fin» (Apoc. 22:13). Independientemente de nuestras circunstancias, pasadas, presentes o futuras, Jesús controla la historia de principio a fin. Él es Señor sobre toda la historia, incluida la historia que quizás no nos guste.

Pero Jesús no solo gobierna la historia; Él entró en la historia. Él le expresa a la iglesia en Esmirna que Él es «… el que murió y volvió a vivir» (2:8). En un momento en el tiempo hace unos 2000 años, el gobernante de la historia asumió nuestra humanidad, vivió, murió y resucitó al tercer día. La resurrección de Jesús prueba Su victoria sobre el pecado y la muerte. Y si nos identificamos con este Cristo resucitado, entonces tenemos la confianza de que, aunque muramos, viviremos nuevamente. Como cristianos, podemos enfrentar una gran miseria y un sufrimiento terrible a manos de los enemigos de Dios; y debemos enfrentar la realidad de que incluso pueden quitarnos la vida. Pero, sin importar lo que nos hagan, ningún ser humano puede quitarnos nuestra vida eterna.

Sin embargo, es cierto que, cuando llega el sufrimiento, todavía tiende a sorprendernos, y el solo hecho de saber que resucitaremos algún día no hace que el sufrimiento actual sea cosa fácil. Es por eso que Jesús tiene más para decir.

La conmoción del sufrimiento

La iglesia en Esmirna necesitaba que se le recordara que Jesús era soberano sobre la historia porque, según su experiencia, no parecía que Él gobernara sobre sus circunstancias presentes. Ellos enfrentaban «sufrimiento», «pobreza» y calumnias (v. 9). Esmirna era famosa por su templo a la diosa Roma y se convirtió en un centro de culto al emperador. Como es natural, los cristianos fieles en Esmirna habrían sufrido presiones sociales y políticas a fin de que participaran en la idolatría y el culto al emperador. Pero es probable que el sufrimiento, la pobreza y las calumnias que enfrentaron procedían sobre todo de los judíos en la sinagoga local. El judaísmo era la única religión no romana permitida por la ley. Inicialmente, los cristianos podrían haber sido considerados una secta dentro del judaísmo y se les habría otorgado protección legal para practicar su fe. Sin embargo, con el tiempo, los judíos se diferenciaron de la «secta» cristiana, e incluso los entregaron a las autoridades gubernamentales como aquellos que se negaban a adorar a los dioses romanos y a reconocer a César como Señor.

La oposición judía al cristianismo no era nada nuevo; ciertos incidentes narrados en el libro de los Hechos nos ayudan a imaginar cómo podría haber sido esta situación para los cristianos de Esmirna. En Antioquía de Pisidia, y también en Asia Menor, Pablo explicó el evangelio en la sinagoga a mucha gente (Hech. 13:14-43). Pero, al siguiente sábado, cuando grandes multitudes vinieron a escuchar a Pablo predicar «la palabra del Señor», los judíos «se llenaron de celos y contradecían con maldiciones lo que Pablo decía» (v. 45). Aunque el evangelio floreció, «… los judíos incitaron a mujeres muy distinguidas y favorables al judaísmo, y a los hombres más prominentes de la ciudad, y provocaron una persecución contra Pablo y Bernabé. Por tanto, los expulsaron de la región» (v. 50). Algo similar sucedió en Iconio, donde «Hubo un complot tanto de los gentiles como de los judíos, apoyados por sus dirigentes, para maltratarlos y apedrearlos» (14:5). Pablo y sus compañeros huyeron a Listra, pero «En eso llegaron de Antioquía y de Iconio unos judíos que hicieron cambiar de parecer a la multitud. Apedrearon a Pablo y lo arrastraron fuera de la ciudad, creyendo que estaba muerto» (v. 19).

¿Por qué tan encarnizada oposición? Los judíos estaban celosos porque se consideraban a sí mismos (no a estos cristianos gentiles) como el verdadero pueblo de Dios. Eran *ellos* quienes esperaban que su Mesías regresara y restaurara a Israel; pero los cristianos anunciaban que el Mesías ya había venido y que ya estaba restaurando al pueblo de Dios mediante el nuevo pacto inaugurado por la muerte y la resurrección de Jesús. Paradójicamente, al oponerse a los cristianos en Esmirna, los judíos en realidad se oponían a su Mesías y demostraban que en realidad no eran verdaderos judíos; no eran el verdadero pueblo de Dios. Al contrario, eran hijos de Satanás porque, al igual que su padre, se oponían a Cristo y al verdadero pueblo de Dios: aquellos que aceptaban a Jesús, el Mesías judío.

Satanás es un mentiroso y un asesino. Él se opone a Cristo. En Apocalipsis 12, Juan verá que Satanás, el gran dragón, intentó asesinar a Jesús (12:1-6), pero Jesús lo derrotó mediante Su muerte y resurrección victoriosas (vv. 7-12). Cuando Satanás se percató de su derrota, comenzó a hacer guerra contra la Iglesia (vv. 13-17). Es por esta razón que Jesús llama «sinagoga de Satanás» (2:9) a la sinagoga judía en Esmirna. Estas son palabras impactantes, pero no más impactantes que cuando Jesús llamó «Satanás» a Pedro por intentar impedir que cumpliera Su misión de morir en la cruz (Mat. 16:23-24). Satanás está detrás de toda oposición a Cristo, ya sea que esa oposición provenga de un discípulo, de judíos étnicos o incluso de nosotros (Ef. 4:27). Satanás no pudo derrotar a Jesús; ahora él persigue a la Iglesia.

Es probable que los judíos en Esmirna entregaran a los cristianos a las autoridades romanas por negarse a reconocer a César como Señor. Cuando Jesús habla de las calumnias que padecían los cristianos por causa de los judíos en Apocalipsis 2:9, la palabra traducida como «calumnia» es literalmente «blasfemia». En otras palabras, cuando los judíos calumniaban a los cristianos ante las autoridades romanas, en realidad estaban blasfemando contra Dios. Como resultado de la calumnia judía, los cristianos de Esmirna experimentaron sufrimiento físico y opresión económica. Más adelante en Apocalipsis se nos plantea que quien se niegue a adorar a la bestia (el emperador y su gobierno) no podrá «… comprar ni vender, a menos que llevara la marca, que es el nombre de la bestia o el número de ese nombre» (13:17).

Al igual que la iglesia en Esmirna, muchos de nuestros hermanos y hermanas en Cristo en todo el mundo enfrentan actualmente la oposición religiosa. En Irak, por ejemplo, el Estado Islámico en Irak y Siria (ISIS) ha liderado una campaña sostenida para eliminar el cristianismo. Los cristianos iraquíes se han visto obligados a huir de sus países de origen y experimentan sufrimiento, pobreza y difamación. La opresión religiosa a manos de los extremistas islámicos está muy extendida; no solo abarca el Medio Oriente, sino también partes de África, Asia e incluso Europa. Sin embargo, muchos de nuestros hermanos permanecen firmes. La Iglesia en Occidente debe asegurarse de que ellos no sufran solos. Al contrario, debemos llorar con aquellos que lloran, orar por ellos y hacer todo a nuestro alcance para apoyarlos de manera práctica y financiera.

En Occidente, nosotros no enfrentamos una opresión religiosa tan intensa, porque el cristianismo ha gozado de un estatus mayoritario dentro de nuestra cultura. En un sentido, este mensaje a la iglesia en Esmirna debería servirnos de advertencia para que no usemos nuestro estatus privilegiado contra las minorías religiosas. Debemos defender la libertad religiosa para todos, porque el día que permitamos la opresión religiosa contra un grupo, abrimos la puerta a la opresión religiosa contra todos los grupos.

Grandes expectativas

Pero este mensaje en Apocalipsis nos advierte contra el miedo a todo tipo de sufrimiento por el nombre de Cristo. Puede ser sutil, pero este miedo opera tanto a nivel consciente como subconsciente.

A nivel consciente, este miedo puede impedirnos que consideremos servir en un campo misionero difícil. ¿Es posible que hayamos idolatrado tanto la comodidad y la seguridad occidentales como para oponernos a que nuestros propios hijos y nietos sirvan en contextos peligrosos, por ejemplo, en partes del mundo donde nuestros hermanos cristianos ya están sufriendo? En tales casos, podemos ocultar nuestros temores detrás de una fachada de sabiduría al procurar cuidar a nuestra familia de peligros potenciales; no obstante, es miedo igual.

A nivel subconsciente, la idea de comodidad y seguridad como un derecho está tan enraizada en nuestra psique occidental que, en el fondo, la mayoría de nosotros esperamos servir al Señor sin coste personal alguno. Y, si nos permiten hacer lo que queremos, eso es lo que vamos a hacer. Mientras que los creyentes en Esmirna enfrentaron «sufrimientos», nosotros esperamos paz. Mientras ellos experimentaron «pobreza», nosotros esperamos prosperidad. Mientras ellos soportaron «calumnias», nosotros esperamos honor. Alentamos a nuestros hijos a estudiar mucho en la escuela para que puedan crecer y disfrutar una vida de paz, de prosperidad y de honor. Y, cuando nuestras expectativas no se cumplen, asumimos que algo salió mal. Si somos honestos, a veces seguir a Jesús no parece valer la pena.

Este miedo subconsciente de perder nuestra comodidad moldea muchas de nuestras decisiones. En lugar de procurar ministrar donde el cristianismo es una religión minoritaria y los cristianos son perseguidos, procuramos hacerlo en contextos que satisfagan nuestras comodidades y preferencias personales. En lugar de vivir en un barrio ruinoso donde no hay muchos cristianos, intentamos silbar y sacar la lengua, y servir a Cristo mientras vivimos en nuestra casa de clase media alta y conducimos por la ciudad en nuestro automóvil lujoso. Y en lugar de estar dispuestos a ministrar donde no somos bienvenidos ni deseados, ministramos a las personas que nos quieren porque somos iguales a ellas. No queremos sufrir; queremos estar cómodos. Pero este mensaje nos advierte que tales expectativas para la vida cristiana son lamentablemente erróneas.

No me malinterpretes. En Occidente hay una gran necesidad de ministerio evangélico. Yo vivo en Estados Unidos, en Austin (Texas), donde, según muchos informes, más del 80 % de la población no asiste a la iglesia. Con más de 150 personas que se mudan al área metropolitana de Austin todos los días, no podemos plantar iglesias lo suficientemente rápido como para seguir el ritmo del crecimiento poblacional. El ministerio evangélico aquí es difícil, pero por razones diferentes. Sin embargo, Austin es también un excelente lugar para vivir. Es una ciudad joven, progresiva, bonita, artística; donde las personas cuidan de su físico; y tiene todo lo que desearía cualquier adulto joven que sea animado y creativo, incluyendo buena comida y música. No es de extrañar que Austin sea el sueño de un plantador de iglesias. No obstante, me gustaría saber cuántos de los graduados de seminario y plantadores de iglesias que vienen aquí lo hacen más por amor a lo que la ciudad les ofrece que por amor a la gente incrédula que aquí reside. Estoy totalmente de acuerdo en hacerme «… todo para todos, a fin de salvar a algunos por todos los medios posibles» (1 Cor. 9:22), pero, cuando la contextualización se trata más de elaborar tu propia cerveza, de fumar los mejores puros y de hacerse tatuajes culturalmente apropiados, me pregunto si tal «contextualización» tiene como objetivo ganar incrédulos para Cristo o simplemente complacer nuestras preferencias personales.

Bueno, no estoy en contra de la cerveza, los puros ni los tatuajes. Los cristianos son libres de disfrutar estas cosas mientras practiquen esas libertades en amor por sus hermanos más débiles que eligen abstenerse. Lo que quiero destacar es sencillamente que *no nos movemos de manera natural hacia el peligro*. Seamos realistas, elaborar cerveza, fumar puros y hacerse tatuajes no es un ministerio peligroso; es solo hacer lo que la mayoría de la gente en la onda está haciendo.

Cuando en el fondo tenemos miedo de sufrir por nuestra fe, nos alejaremos del sufrimiento y nos dirigiremos hacia la comodidad, la seguridad y los privilegios. Esto sucede a nivel individual, y también a nivel de toda la iglesia. Piensa en la pequeña iglesia de clase media que se encuentra en un vecindario en transición. A medida que las personas de una clase socioeconómica más baja se mudan al lugar, los valores de las propiedades se desmoronan, los delitos aumentan y la diversidad étnica crece. Sin embargo, en lugar de quedarse en el vecindario para llegar a este nuevo campo misionero, la congregación decide vender su propiedad a los promotores inmobiliarios para trasladarse a los suburbios donde viven blancos de clase media. O imagina una iglesia que está luchando por crecer, ya que simplemente no tiene una cultura de evangelismo. La membresía es fiel, pero estática. Los cristianos son reacios a participar en la evangelización personal porque tienen miedo de cómo serán recibidos. O imagina un drogadicto que comienza a visitar los servicios dominicales y no encuentra más que frialdad, porque los miembros son reacios a involucrarse con alguien tan «desastrado».

Es de vital importancia que los pastores (ancianos) y los líderes de la iglesia preparen a sus iglesias para soportar el sufrimiento y las dificultades, e incluso para abrazarlos. Si no lo hacemos, los miembros siempre elegirán la comodidad por encima del riesgo. Cuando sientan presión por parte de amigos y familiares, estarán tentados a negar a su Salvador. Y lo que es peor, si los tiempos difíciles los toman por sorpresa, pueden decidir que seguir a Cristo simplemente no vale la pena.

Entonces, ¿cómo nos protegemos a nosotros mismos y a nuestras iglesias de la amenaza del miedo?

Prepárate

Primero, debemos prepararnos para el sufrimiento cristiano. Observa cómo Jesús lo hace para la iglesia en Esmirna. Él explica la realidad del sufrimiento, le habla a la iglesia sobre «… lo que estás por sufrir», pero les ordena que no tengan miedo (Apoc. 2:10). En Occidente hoy en día, la mayoría de los cristianos no padecen persecución, realmente no, todavía no. Sin embargo, al leer nuestros periódicos o ver nuestros noticieros, estamos convencidos de que el mundo se está desmoronando. Nos quejamos de incrédulos que actúan como, eh, bueno, como incrédulos. Y tememos vernos atrapados en el «sufrimiento», la «pobreza» y las «calumnias» que las poblaciones anticristianas quieren que padezcamos. Pero Jesús nos muestra cómo leer las noticias con fe, no con miedo. De hecho, Él nos asegura que no hay que tener miedo.

Si bien podemos seguir a Cristo a pesar del sufrimiento o incluso de la muerte, no debemos temer, porque el sufrimiento que ahora padecemos es solo ligero y efímero en comparación con el peso eterno de gloria que aguarda a todos los que venzan sus temores (2 Cor. 4:17). Jesús le recuerda a la iglesia en Esmirna que su sufrimiento es temporal; Él les expresa que sufrirán encarcelamiento por solo diez días (Apoc. 2:10). Independientemente de cómo interpretes los números en Apocalipsis, la esencia de lo que Jesús quiere declarar es que su sufrimiento será limitado. Si bien es posible que en esta vida nuestro sufrimiento no tenga fin, aún este no es nada en comparación con la eternidad de gozo que nos espera. Comprender la realidad del sufrimiento y sus límites nos ayudará a resistir con fidelidad.

En segundo lugar, Jesús les recuerda a los cristianos de Esmirna que la fuente real de su sufrimiento es Satanás mismo. Los judíos en Esmirna eran una sinagoga de Satanás porque, como Satanás, se oponían a Cristo y a Su Iglesia; el verdadero pueblo de Dios. Después de que Satanás perdió la guerra contra Jesús, comenzó a pelear contra nosotros, la Iglesia de Cristo (12:13-17).

Cristiano, recuerda que nuestra batalla no es contra otras personas, ni siquiera contra nuestros perseguidores; nuestra batalla es contra Satanás y sus demonios. Nuestra batalla es espiritual. Como vimos en el capítulo anterior, los incrédulos en este mundo que se oponen a nosotros no son nuestros enemigos; son nuestro campo misionero. Debemos amar a aquellos que somos dados a considerar como «enemigos» y orar por aquellos que nos persiguen; y rogar que, a través de nuestro testimonio fiel, ellos también puedan llegar a conocer a Cristo.

Finalmente, Jesús le indica a la iglesia en Esmirna el motivo del sufrimiento cristiano: «ponerlos a prueba» (2:10). A simple vista, escuchar que nuestro Señor nos permite sufrir para poner a prueba nuestra fe quizás no sea muy reconfortante. Pero, si nos detenemos y pensamos en ello, si comprendemos lo que Jesús afirma, nos daremos cuenta de que todo sufrimiento cristiano tiene un propósito. Nuestro sufrimiento, ya sea como cristianos individuales o como parte de una iglesia, es un medio por el cual nuestro Padre celestial nos está transformando según la imagen de Su Hijo (Rom. 8:28-30). Cuando nuestra fe se sostiene bajo el peso del sufrimiento, demuestra que es genuina, y esto a su vez aumenta nuestra confianza. Incluso si todos nuestros peores temores se hacen realidad, Dios los usará para nuestro bien. No siempre está claro cómo lo hará; de hecho, el sufrimiento puede dejarnos sintiéndonos magullados y frágiles espiritualmente, tal vez incluso por un tiempo muy prolongado. Pero, aun así, podemos aferrarnos a esta promesa de que nuestro dolor no se desperdiciará.

En una ocasión, tuve el privilegio de escuchar hablar a Helen Roseveare. Graduada con un doctorado en medicina en la Universidad de Cambridge, en Inglaterra, Helen podría haber practicado la medicina en la comodidad y seguridad de Gran Bretaña. En cambio, desde joven dedicó su vida a servir a Cristo como médica misionera en el Congo belga (más tarde Zaire; actualmente República Democrática del Congo). Después de que la guerra civil estallara en 1964, Helen, junto con algunos otros misioneros, fue puesta bajo arresto domiciliario. En octubre de ese mismo año, fue violada brutalmente. Al principio, durante ese tiempo de sufrimiento, ella cuestionó el cuidado de Dios por ella; pero finalmente «sintió que el Señor le dijo…»:

Cuando te convertiste me pediste el privilegio de ser misionera. Esto es ser misionera. ¿No lo quieres? […] Estos no son tus sufrimientos; son los míos. Todo lo que pido es que me prestes tu cuerpo.

El día que escuché a Helen Roseveare compartir la historia de su vida, no vi a una mujer con miedo a sufrir por Cristo. Vi a una mujer que había vencido su miedo, consciente de que lo que enfrentaba no era siquiera su propio sufrimiento. Era el sufrimiento de su Señor, y ella consideró que era un privilegio compartirlo.

Como padre de cinco hijas, debo confesar que todavía me resulta difícil recordar la historia de Helen. Incluso ahora, al escribir estas palabras, su fe me confronta y su experiencia hace correr mis lágrimas. Aunque murió en 2016, la vida de Helen todavía nos enseña que Jesús no desperdicia nuestro sufrimiento; Su intención es que nuestro sufrimiento fortalezca nuestra fe como un medio para nuestra perseverancia (1 Ped. 1:6-7). Sé que puede ser difícil de entender, pero Dios permite el sufrimiento cristiano para Su gloria y para nuestro bien; de modo que seamos transformados a la imagen de Cristo.

Así que, déjame preguntarte: ¿crees tú eso? Si así es, ¿dejarás que esta verdad fortalezca tu corazón para que pueda imponerse al miedo que tantas veces acecha tu mente? Recuerda algunas de las decisiones recientes que has tomado, como individuo o como miembro de tu iglesia. ¿Es posible que el miedo te haya motivado, consciente o inconscientemente? Si es así, ¿volverás a considerar esas decisiones?

¿Y qué me dices de tu familia de la iglesia? ¿Tienen ellos la impresión de que, en última instancia, la vida cristiana es cómoda? ¿Se están abordando estos temas desde el púlpito? ¿Hablas sobre ellos al compartir un café? ¿Desafías estas expectativas, o las justificas con una sonrisa amable o con tu silencio? Si no hacemos estas cosas, entonces dejaremos a nuestros hermanos expuestos al peligro, porque el miedo es realmente poderoso, pero Cristo es aún más poderoso.

¡Adelante!

A medida que crecemos en nuestra comprensión del sufrimiento cristiano (su realidad, su origen y su propósito) podremos, por fe, tener en cuenta el mandamiento del Señor de ser «... fiel hasta la muerte...», porque este viene con una promesa para todos los que resisten fielmente: «... y yo te daré la corona de la vida» (Apoc. 2:10). Aquí, la vida eterna se representa como «la corona de la vida», una corona otorgada a los vencedores. El vencedor recibe el botín, y este es un premio de valor indescriptible.

Al seguir a Jesús, no solo lo seguimos al sufrimiento y a la muerte; también lo seguimos a la resurrección y a la gloria, porque Él es «... el que murió y volvió a vivir» (v. 8). Jesús afirma que todos los que venzan el temor al sufrimiento y a la muerte por la fe en Él, y que perseveren fielmente hasta el final, no sufrirán «... daño alguno de la segunda muerte» (v. 11). Pero, al final de Apocalipsis, se nos advierte qué sucederá con los cobardes infieles que prefieren negar a Cristo antes que enfrentar el sufrimiento: «... recibirán como herencia el lago de fuego y azufre. Ésta es la segunda muerte» (21:8).

Alguien que se aferró a esta promesa de la corona de la vida fue Policarpo, obispo de Esmirna. Alrededor del año 155, unos 60 años después de que esta carta fue escrita, las autoridades gobernantes le indicaron a Policarpo que se postrara ante César y renunciara a Cristo. Policarpo respondió: «Durante 86 años he sido su siervo, y Él no ha errado en mi contra. ¿Cómo puedo blasfemar a mi Rey, quien me salvó?». Entonces el procónsul amenazó a Policarpo con bestias salvajes y fuego. Una vez más, Policarpo respondió: «Me amenazas con un fuego que arde solo brevemente y después de un corto tiempo se apaga, porque ignoras el fuego del juicio venidero y el castigo eterno, que está reservado para los impíos —luego añadió—: ¿Pero por qué tardas? Ven, haz lo que quieras».

Policarpo, un cristiano de 86 años, básicamente expresa... *¡Adelante!* ¿Puedes imaginar eso? ¡Oh, cuánto anhelo ese tipo de fe en todos mis momentos de cobardía! Pero Jesús afirma que podemos tenerla. Necesitamos verlo en toda Su gloria: el Cristo resucitado que, como el Primero y el Último, gobierna en todo momento. Él es quien murió y resucitó para no morir más. Cuando miramos a este Cristo resucitado y creemos lo que nos ha prometido, entonces no tendremos miedo. Esa es la fe de Policarpo, y esa es la fe que yo anhelo. Esa es la fe que todos deberíamos anhelar. Esa es la fe por la que debemos orar.

Entonces, (casi) en las palabras de Policarpo... ¡Adelante!

TRANSIGIR

«Escribe al ángel de la iglesia de Pérgamo:

Esto dice el que tiene la aguda espada de dos filos: Sé dónde vives: allí donde Satanás tiene su trono. Sin embargo, sigues fiel a mi nombre. No renegaste de tu fe en mí, ni siquiera en los días en que Antipas, mi testigo fiel, sufrió la muerte en esa ciudad donde vive Satanás.

No obstante, tengo unas cuantas cosas en tu contra: que toleras ahí a los que se aferran a la doctrina de Balám, el que enseñó a Balac a poner tropiezos a los israelitas, incitándolos a comer alimentos sacrificados a los ídolos y a cometer inmoralidades sexuales. Toleras así mismo a los que sostienen la doctrina de los nicolaítas. Por lo tanto, ¡arrepiéntete! De otra manera, iré pronto a ti para pelear contra ellos con la espada que sale de mi boca.

El que tenga oídos, que oiga lo que el Espíritu dice a las iglesias. Al que salga vencedor le daré del maná escondido, y le daré también una piedrecita blanca en la que está escrito un nombre nuevo que sólo conoce el que lo recibe»

Apocalipsis 2:12-17

TRANSIGIR

Estamos viviendo en un mundo feliz de valores culturales cambiantes; y, si no te amoldas, serás castigado.

En este mundo feliz, es un delito afirmar públicamente que Dios estableció el matrimonio como una relación de pacto para toda la vida entre un hombre y una mujer. En este mundo feliz, es misoginia creer que el bebé dentro del útero de una madre es una persona. En este mundo feliz, es intolerante sostener que la identidad de género la define el Dios que nos creó varón y hembra. En este mundo feliz, es anticientífico reconocer nuestro universo como una creación ordenada por un Dios omnipotente.

Y para proteger nuestro mundo feliz de todos los que siguen adorando a una deidad anticuada, como el Dios de la Biblia, los gobiernos occidentales promulgan leyes que aseguran que todos nos postremos ante los ídolos posmodernos de la cultura en sus nuevos templos. No hay lugar para los «ateos» posmodernos; *no* creer en los valores recién surgidos de nuestra cultura sencillamente no es una opción. De modo que todos los que no adopten los nuevos mandamientos culturales serán castigados:

- El 15 de junio del 2017, Tim Farron, un cristiano evangélico profesante, renunció como líder de los demócratas liberales de Gran Bretaña en medio de la presión proveniente de su partido político, ya que sus convicciones cristianas lo hicieron objeto de sospecha. Al demitir, explicó: «Ser un líder político, en especial de un partido progresista y liberal en 2017, y vivir como un cristiano comprometido y abrazar fielmente las enseñanzas de la Biblia, me ha parecido imposible».

- En julio del 2012, Jack Phillips, un cristiano evangélico profesante y propietario de Masterpiece Cakeshop en Lakewood (Colorado), se rehusó a elaborar un pastel de bodas para una pareja gay. Argumentó que hacerlo sería lo mismo que participar en la celebración y ratificar el matrimonio gay. Del 2013 al 2016, el señor Phillips ha defendido sus derechos religiosos ante los tribunales de Colorado y ante la Comisión de Derechos Civiles de Colorado, pero estos han argumentado que los derechos civiles de la pareja gay prevalecen sobre sus derechos religiosos.

- En febrero del 2017, Robert Hudson, maestro y entrenador que dirigió la Comunidad de Atletas Cristianos en un preuniversitario de California, recibió aviso de que sería despedido al final del año escolar, poco antes de recibir la permanencia en su empleo como maestro. «Lo único que se me ocurre es que me acosan por mi fe en Jesucristo». Hudson afirma que su único conflicto con la escuela fue el ser amonestado formalmente por cuestionar al director cuando se le pidió que eliminara de su aula varias citas inspiradas en el cristianismo.

Cristiano, este es el mundo en el que vivimos, y parece que estas presiones culturales solo van a aumentar. Y esto nos presenta a nosotros, a nuestras iglesias y a nuestros pastores una amenaza muy real: transigir en nuestras creencias solo para encajar y evitar el acoso.

En muchos sentidos, este peligro tiene algunas similitudes con lo que vimos en el capítulo anterior. Y, al leer esto, quizás todo empieza a sonar un poco alarmista. *Nunca negaría a Cristo ni abandonaría la fe*, piensas para tus adentros. Mientras que los cristianos padecen en lugares lejanos como Somalia, Irán o China, tú estás en la pequeña ciudad de Nebraska, o en la tolerante Londres, o en la progresista París. Sin embargo, aunque no neguemos a Cristo por completo, existe una tentación creciente de adaptar Sus declaraciones a nuestra cultura y, si estamos en una posición de influencia, de guiar a nuestras iglesias para que también lo hagan.

La historia de la Iglesia nos ha mostrado que, si no mantenemos la guardia en alto, vamos a transigir en lo que creemos respecto a muchos asuntos pequeños, hasta que todos se junten como una bola de nieve fuera de control. Un ejemplo es la controversia fundamentalista-modernista de principios del siglo xx, cuando, entre otras cosas, los líderes de las denominaciones convencionales llevaron a sus iglesias a adaptar la Biblia a la teoría de la evolución para estar en consonancia con el pensamiento científico de su época. Como resultado, estos líderes «modernistas» eventualmente convencieron a sus iglesias para que pusieran en duda la inspiración y la autoridad de la Biblia, lo que llevó a la negación del nacimiento virginal, de la Deidad de Cristo y de la resurrección.

«¡Ah, pero esos son *ellos*! —podemos afirmar—. ¡*Yo* nunca voy a transigir en mis creencias!». Sin embargo, pensar que somos inmunes a transigir es a la vez algo orgulloso y tonto. Por un lado, la policía secular del pensamiento suele ser muy agresiva al asegurar que nuestros puntos de vista se alineen con la cultura contemporánea. Pero el peligro es más sutil que eso. La cultura secular es el aire que respiramos; al leer libros, ver películas y desplazarnos por Twitter inhalamos una cosmovisión particular que nos cambia de maneras que a menudo no notamos. Hoy ya no solo somos desafiados en cuanto a la existencia de Dios y la exclusividad de la salvación solo a través de Cristo (aunque estas objeciones también están vigentes), sino sobre el lugar de la fe en la esfera pública y respecto a si existe algo como la verdad objetiva.

Y estos choques doctrinales, (lo que nosotros creemos frente a lo que cree nuestra cultura secular), continuarán desafiando a la Iglesia; después de todo, esta amenaza ha existido desde el nacimiento de esta. Hace dos milenios, Jesús advirtió a Su iglesia en Pérgamo respecto a esa amenaza. En Apocalipsis 2:12-17 Jesús usa las palabras «sigues», «fe» y «doctrina». El énfasis de este tercer mensaje es el peligro de no «seguir» a Jesús y Su «doctrina» («mi fe», v. 13).

Jesús no podría ser más claro: el camino hacia el juicio está pavimentado con cientos de pequeños hechos diarios de transigencia doctrinal.

Mirar al que empuña la espada

Una vez más, Jesús comienza Su mensaje identificándose con una descripción del capítulo 1 que es específica para las necesidades de esa iglesia local. En Apocalipsis 1:16, Juan vio a Jesús con una «… aguda espada de dos filos…» que salía de Su boca. Se nos recuerda que las palabras que la iglesia de Pérgamo está a punto de recibir no son palabras ordinarias; son palabras del «… que tiene la aguda espada de dos filos» (2:12). Ahora, de la boca de Jesús no sale literalmente una espada. Esta imagen indica que Jesús es el gobernante, el juez justo y, lo que es más importante, que juzga por Su palabra. Cuando Jesús regrese y el día del juicio finalmente llegue, Él juzgará por el mismo estándar que ya ha expresado en Su palabra, nuestra Biblia. No habrá sorpresas; nadie tendrá una justificación legítima. Jesús, la Palabra viviente, por la cual el Padre creó todas las cosas, es también la Palabra de Dios, por la cual todas las cosas serán juzgadas (19:11-16). El asunto es este: Jesús, quien posee la espada, tiene la máxima autoridad para juzgar y gobernar.

¿Por qué Jesús enfatiza esto? Bueno, en otro lugar del Nuevo Testamento, vemos que Dios ha dado a los gobernantes y gobiernos humanos «la espada» de la justicia «… para castigar a los que hacen el mal y reconocer a los que hacen el bien» (Rom. 13:1-7; 1 Ped. 2:14). Dios estableció que los gobiernos humanos reflejaran Su autoridad en la tierra. En verdad se puede abusar de la autoridad terrenal (como sucedió con los cristianos de Pérgamo), pero eso no anula que Dios estableció Su mundo en relaciones de autoridad y sumisión. Sin embargo, a pesar de que los gobernantes humanos manejan la espada de la justicia terrenal, Jesús empuña la espada definitiva; y, cuando estos dos están en conflicto, es a Jesús a quien debemos obedecer.

Entonces, Jesús se identifica a Sí mismo en contraste con los césares terrenales, los gobernantes, los reyes, las reinas, los presidentes y los gobernadores. Mientras el gobierno terrenal empuña la espada de la justicia terrenal, Jesús es el Cristo resucitado, que empuña la espada de la justicia verdadera, justa y divina, y que regresará para juzgar a vivos y muertos por la palabra que sale de Su boca.

Dos espadas. Dos tipos de justicia. Pero la pregunta es: ¿a cuál espada temeremos?

Mira, esa es la elección que enfrentaremos cuando nos coloquen el frío acero de la espada del gobierno en nuestro cuello. ¿A cuál espada temes?

Por supuesto, con frecuencia la espada oficial del gobierno recibe el apoyo del tribunal no oficial de la opinión pública. De hecho, en Occidente al menos, es la opinión pública la que a menudo impulsa la agenda del gobierno. Eso es lo que está sucediendo ahora mismo en las batallas de la libertad religiosa en Estados Unidos. Ya sean los medios de comunicación, las películas de Hollywood o solo nuestros amigos en Facebook, el tribunal no oficial de la opinión pública se encuentra siempre en sesión, y también enfrentaremos su «espada». En esos momentos, cuando la corte de la opinión pública decreta que nuestras creencias son radicales, intolerantes y que están «en el lado equivocado de la historia», ¿a cuál espada temeremos? ¿Cederás para apaciguar a los jueces que tienes al frente o te mantendrás firme?

Con presiones como estas, no es de extrañar que nuestras iglesias se enfrenten al peligro de que, para salvar nuestras propias vidas, o incluso para encajar, no sigamos fielmente a Jesús y Su doctrina. Esta es la amenaza de transigir en la doctrina.

Sé dónde vives

Los cristianos de Pérgamo vivían en un mundo donde la influencia satánica había corrompido la espada que Dios le había dado al César. Jesús expresa: «Sé dónde vives: allí donde Satanás tiene su trono…» (2:13a). Más adelante en Apocalipsis, se nos plantea que Satanás comparte su trono con la bestia (13:2; 16:10), que representa el gobierno tiránico (13:1-4; ver también Dan. 7:1-8). Pérgamo era la capital de la provincia romana de Asia. Como esta ciudad era la sede del gobierno, Satanás la usó como su instrumento para intentar destruir la iglesia (Apoc. 12:17).

Pérgamo también servía como centro para el culto al emperador, además de albergar otros templos consagrados a deidades grecorromanas importantes. Estos dioses exigían culto a cambio de un orden social productivo y pacífico. Esculapio, el dios de la sanidad (representado por la serpiente hasta el día de hoy en la insignia médica), prometía salud y curación. Atenea, la diosa de la guerra, prometía la victoria. Deméter, la diosa de las cosechas, prometía una tierra fértil. Y Dionisio, el dios del vino y mecenas de las artes, prometía alegría, éxtasis y libertinaje. No obstante, por encima de todas estas deidades estaba Zeus, el dios de todos los dioses. Pérgamo albergaba el gran altar de Zeus, el salvador.

Además, cada dios o cada diosa estaba relacionado con una vocación o gremio específicos. Para ser aceptado en estos gremios locales y poder comerciar, tenías que participar en la adoración a «tu» deidad. Imagina la presión social que padecían los cristianos para practicar la idolatría, solo para poder trabajar y mantener a su familia; para simplemente sobrevivir. A través de Apocalipsis, Jesús muestra cómo estas religiones paganas, representadas por la figura del falso profeta, trabajan junto al gobierno corrupto (la bestia) para tratar de destruir al pueblo de Dios (por ejemplo, 16:13).

Resulta que este no es un mundo feliz. Hoy, Satanás continúa corrompiendo los gobiernos humanos. Como instrumentos de Satanás, en lugar de utilizar la espada para castigar el mal y promover el bien, estos gobiernos castigan el bien y promueven el mal; al menos en algunos aspectos. Considera cómo un gobierno puede volver la espada de la justicia terrenal contra el pueblo de Dios. Piensa en cómo algunos gobiernos nos presionan para que aceptemos sus definiciones de matrimonio, de sexualidad y de género. Y la mera aceptación apenas es suficiente; ellos esperan que celebremos sus mandamientos y que nos inclinemos en adoración ante la bestia. Y, si nos negamos, nos ponen la etiqueta de «ateos» culturales y nos castigan. Si el ostracismo social no es suficiente para ponernos de rodillas en adoración, entonces se deben tomar acciones legales. Una vez más, la pregunta es: ¿a cuál espada temeremos?

Muchos de los cristianos en Pérgamo temían a la espada de Jesús, y Él los elogia por eso. Sus palabras en Apocalipsis 2:13 son maravillosamente alentadoras: Él conoce su situación, entiende las presiones sociales y culturales de vivir «... allí donde Satanás tiene su trono...» y los elogia por mantenerse fieles. A pesar de que ellos viven en la capital satánica, Jesús expresa: «... sigues fiel a mi nombre. No renegaste de tu fe en mí, ni siquiera en los días en que Antipas, mi testigo fiel, sufrió la muerte en esa ciudad donde vive Satanás». Quienquiera que haya sido Antipas, vivió en Pérgamo y fue un testigo fiel; en otras palabras, un mártir. Él siguió a Jesús y Su doctrina, pero le costó la vida. Es obvio que, si Antipas fue asesinado por su fe, lo mismo les podría suceder a los otros cristianos en Pérgamo. Sin embargo, conscientes del destino de Antipas, estos creyentes en Pérgamo se mantuvieron firmes en su fe.

¿Presionado o persuadido?

«No obstante —continúa Jesús—, tengo unas cuantas cosas en tu contra: que toleras ahí a los que se aferran a la doctrina de Balám» (2:14). Jesús se refiere al momento en la historia de Israel cuando Balac, rey de Moab (una nación enemiga), contrató al profeta Balám para maldecir a Israel (Núm. 22-24). Sin embargo, Dios intervino para que Balám solo pudiera pronunciar bendiciones, no maldiciones, sobre Israel, algo que frustró mucho al rey. Pero Balac y los moabitas encontraron otra forma de provocar la ruina de Israel. Mientras los israelitas estaban acampados en las llanuras de Moab, «… comenzaron a prostituirse con las mujeres moabitas». Luego, por consejo de Balám, las mujeres de Moab invitaron a los israelitas «… a participar en los sacrificios a sus dioses. Los israelitas comían delante de esos dioses y se inclinaban a adorarlos» (Núm. 25:1-2; 31:16). Como resultado, Dios envió una plaga que mató a 24 000 israelitas. Este es el incidente al que se refiere Jesús cuando indica que el profeta Balám «… enseñó a Balac a poner tropiezos a los israelitas, incitándolos a comer alimentos sacrificados a los ídolos y a cometer inmoralidades sexuales» (Apoc. 2:14).

Y ahora Jesús plantea que hay algunos cristianos en Pérgamo que «… se aferran a la doctrina de Balám». Evidentemente, algunos cristianos en Pérgamo tomaban parte en festivales paganos donde también comían alimentos sacrificados a los ídolos y participaban en actos de inmoralidad sexual. Y tal vez podamos compadecernos de ellos. Ten en cuenta que, para encajar en la sociedad y ganarse la vida, los ciudadanos de Pérgamo tenían que rendir homenaje a las deidades relacionadas con sus gremios; y, en cuanto a los dioses romanos, la prueba suprema de lealtad era inclinarse y reconocer a César como Señor. Los que se negaban eran castigados, torturados y tal vez, como Antipas, incluso asesinados. No es de extrañar que pareciera más fácil consentir para no buscarse problemas.

Es probable que hoy en Occidente no nos maten por nuestra fe, pero la tentación de transigir es aún muy real. En la clase de ciencias, puedes verte tentado a transigir en cuanto a la doctrina de la creación y a adoptar la biología evolutiva darwiniana si quieres alcanzar la máxima calificación. En el mundo académico, puedes estar tentado a transigir en cuanto a la doctrina de la Escritura si deseas albergar alguna esperanza de lograr la permanencia como profesor. En los servicios de asesoramiento, puedes verte tentado a transigir en cuanto a la doctrina del pecado si esperas recibir la certificación de una agencia gubernamental. En el puesto de trabajo, puedes verte tentado a transigir en cuanto a la doctrina del matrimonio y aprobar las relaciones entre personas del mismo sexo si deseas conservar tu trabajo o la amistad del jefe. Podría seguir con más y más ejemplos. El punto es que todos los días somos tentados de miles de formas diferentes a ceder y a consentir para no buscarnos problemas. Ya seas pastor o profesor, maestro de escuela pública o político, supervisor o subordinado, una figura pública o un ciudadano común, la presión está aumentando para que transijamos, tanto por parte de nuestra cultura como de nuestro gobierno. Haz una pausa para reflexionar bien y de manera honesta y sabrás de dónde viene la presión que experimentas.

Pero la transigencia doctrinal no siempre es el resultado de la presión cultural, a veces proviene de la persuasión cultural. Jesús continúa: «Toleras así mismo a los que sostienen la doctrina de los nicolaítas» (v. 15). Aquí Él conecta las enseñanzas de Balám con las enseñanzas de los nicolaítas; parece que los nicolaítas dentro de la iglesia legitimaron la participación de los cristianos en las prácticas paganas. Parece que no todos los cristianos en Pérgamo practicaban la idolatría en contra de su conciencia; algunos pueden haberlo hecho voluntariamente, al haber sido convencidos por la enseñanza de los nicolaítas.

Esta transigencia doctrinal es obra de los «falsos profetas» de nuestra época, que van cortando poco a poco pequeños trozos de nuestra fe. Piensa en la muchacha cristiana que llega a la universidad comprometida con la pureza sexual, solo para que su novio «cristiano» la convenza de que es completamente aceptable expresar su amor mutuo a través de la intimidad sexual. Es fácil que dichos consentimientos se apoderen de iglesias enteras también. Imagina la iglesia que recibe a un nuevo pastor quien estudió en un prestigioso seminario. Él comienza a enseñar que la perspectiva «tradicional» del infierno no es más que una fantasía medieval. Este pastor usa la Biblia para exponer su punto de vista, y sus argumentos parecen razonables. Después de todo, ¿cómo puede un Dios de amor enviar a tantas personas a una eternidad de tormento?

A veces, nuestras experiencias personales impulsan un cambio en nuestras convicciones doctrinales. Una familia de la iglesia cría a sus hijos en la disciplina y en las enseñanzas del Señor, pero, a los 22 años de edad, su hijo mayor declara que es homosexual y quiere que vengan a su «boda» y bendigan la unión con su pareja de mucho tiempo. Sus padres pueden ver que ellos se hacen felices mutuamente y que les va bien juntos. O tal vez sea la familia a la que su hija de 16 años revela, con evidente turbación emocional, que en el fondo se siente hombre, no mujer. Con lágrimas en los ojos les pide a sus padres que reconozcan quién es en realidad. En lugar de llamarla Cristina, ahora quiere que la llamen Christopher.

No hay duda sobre el amor que estas familias sienten por sus hijos; y la fuerza de las emociones tiene un peso enorme. Entonces, si ellos no tienen claro lo que la Biblia enseña sobre cómo Dios hizo al ser humano varón y hembra, serán susceptibles a las enseñanzas de los «nicolaítas» de nuestros días, que los instan a «estar a la par con los tiempos» para que no estén «en el lado equivocado de la historia». Por difícil que sea permanecer fieles en estas situaciones, no tenemos más opción que aferrarnos, con gracia y compasión, a la doctrina de Jesús.

Entonces, al sostener la doctrina de los nicolaítas, ya sea por presión o por persuasión, algunos creyentes en Pérgamo habían transigido en su fe. Y también nosotros enfrentamos esta presión de transigir en la fe, ya sea por temor a la espada del gobierno y al tribunal de la opinión pública, o porque nos convencen los falsos profetas de nuestra época o nuestra propia experiencia. Cuando nuestra fe es desafiada, ¿seguiremos creyendo que las palabras de Jesús son verdaderas y buenas, o recurriremos a las palabras de otra persona?

Mente nueva, nuevo comienzo

Admítelo; tú has cedido. Yo lo admitiré; he cedido. Si hemos transigido en la doctrina, Jesús tiene cuatro palabras para nosotros: «Por lo tanto, ¡arrepiéntete!» (v. 16).

Este es un llamado de paciencia y amabilidad; a través del Antiguo y Nuevo Testamentos, «arrepiéntete» es una palabra de esperanza, y expresa que, independientemente de cuán lejos nos hayamos desviado, aún hay oportunidad de regresar a Dios. Algunas personas han explicado el arrepentimiento como una media vuelta: cuando alguien va en una dirección que lo aleja de Dios, debe darse la vuelta y comenzar a caminar en la dirección opuesta, hacia Dios. Pero, antes de que podamos cambiar de dirección, debemos estar convencidos de que vamos en la dirección equivocada. La palabra que Jesús usa para «arrepiéntete» literalmente significa cambiar la mente. Arrepentirse significa cambiar tu forma de pensar o renovar la mente. Esto es lo que Jesús nos llama a hacer. Si temes a la espada del gobierno, cambia tu forma de pensar. Si te persuaden a alejarte de la fe, renueva tu mente.

¿Cómo? Con la misma palabra que Jesús ha revelado: Su doctrina, la palabra del evangelio, lo que llamamos «la fe». Tu mente no es un vacío. La única manera de cambiar la mente es reemplazar las formas erróneas de pensar por las formas verdaderas de pensar: sobre Cristo, sobre el evangelio, sobre la fe y sobre las presiones y persuasiones que amenazan tu fe. Y, si somos líderes eclesiásticos, es de vital importancia que preparemos a los miembros de nuestra iglesia para que también cambien sus mentes. No podemos predicar desde las sublimes alturas de una torre de marfil. Es vital que entendamos (que entendamos de verdad) los zarandeos y las presiones que afectan a nuestro rebaño; luego podemos exhortar a las personas para que se arrepientan de lo que hicieron mal.

En definitiva, lo que todos nosotros necesitamos es una visión más amplia de Jesús; el Cristo glorioso y resucitado. De Su boca sale una espada de dos filos. Puede que ahora le temas a la espada del gobierno de la bestia, pero Jesús vendrá «… pronto a ti para pelear contra ellos [los "nicolaítas" y todos los que transigen doctrinalmente y son idólatras] con la espada que sale de [Su] boca» (v. 16).

Cuando Jesús plantea esto, es probable que el trasfondo del incidente de la adoración a Baal en el Antiguo Testamento aún estuviera presente. En Números 31:3, Moisés declaró: «Preparen a algunos de sus hombres para la guerra contra Madián. Vamos a descargar sobre ellos la venganza del Señor». Madián sintió la espada de Dios a manos de los israelitas porque, junto con Moab, ellos también fueron responsables de poner una piedra de tropiezo ante el pueblo de Israel que los condujo a la idolatría (Núm. 22:4,7). Del mismo modo, los nicolaítas pusieron una piedra de tropiezo ante la iglesia en Pérgamo que la llevó a la idolatría. Entonces, es el mismo Jesús el que vendrá con Su espada y peleará contra los nicolaítas y contra todos los que no se aferren a Él y a Su doctrina. Debemos temerle a la espada de Jesús, no a la de los gobiernos terrenales. Al dejarnos con la imagen de esta batalla final contra todos los idólatras, Jesús quiere que captemos bien el terror del día cuando Él venga empuñando Su espada.

Pero Jesús no procura cambiar nuestras mentes solo con una imagen de juicio que nos quitará el sueño. También nos deja dos imágenes que nos harán añorar el cielo a fin de alentar la fidelidad ahora.

Una mejor invitación

Al enfrentar las diversas amenazas, es la promesa del Cristo resucitado que aparece en cada mensaje lo que toda iglesia necesita recordar, a lo que debe aferrarse y en lo que debe poner sus esperanzas. A los cristianos de Pérgamo que están tentados a participar en los banquetes paganos, Jesús primero les promete: «Al que salga vencedor le daré del maná escondido» (Apoc. 2:17). Según la tradición judía, Jeremías reunió la tienda, el altar de incienso y el arca que contenía un recipiente con maná, y los ocultó en el Monte Sinaí para mantenerlos a salvo de los babilonios invasores. Estos serían descubiertos y entregados a la gente cuando el Mesías regresara. Entonces, el maná escondido le recuerda a la iglesia en Pérgamo el banquete mesiánico, la cena de las bodas del Cordero. Si nos aferramos a la fe, a menudo quedaremos fuera de las celebraciones del mundo. En lugar de sentirte excluido, anhela la cena de las bodas del Cordero; el banquete donde cenaremos en la mesa del Rey.

Segundo, el Cristo resucitado también promete «una piedrecita blanca» (v. 17). La palabra traducida como piedrecita indica que Jesús está hablando de un pequeño guijarro. Los vencedores de los eventos deportivos recibían guijarros blancos para asegurar su entrada a los banquetes de celebración. Si eso es lo que Jesús quiere expresar, entonces es posible, y quizás incluso probable, que la piedrecita blanca sirva como una invitación oficial que permita la entrada a este banquete mesiánico. En la actualidad, a los cristianos se nos hace sentir que estamos en el bando perdedor de la historia, ¡pero Jesús nos recuerda que todos los que resisten son vencedores! Y todos los vencedores podrán entrar a la celebración en la mesa del Rey cuando la historia llegue a su conclusión en Cristo.

Por último, todos los que se aferren a Jesús y a Su doctrina recibirán «un nombre nuevo» escrito en el guijarro blanco; es probable que esto indique la nueva identidad que tenemos en Cristo. Como ahora somos llamados por un nombre nuevo, el nombre de Jesús, somos el pueblo de Dios. Y, debido a que llevamos el nombre de Jesús, se nos permitirá la entrada al banquete mesiánico. Al aferrarnos a Jesús y a Su evangelio, nuestro nombre en este mundo será arrastrado por el fango. Pero no tengas miedo, cristiano, en la mano tú sostienes una piedrecita blanca.

Así que mira hacia adelante y mantente firme.

4

TOLERANCIA

«Escribe al ángel de la iglesia de Tiatira:

Esto dice el Hijo de Dios, el que tiene ojos que resplandecen como llamas de fuego y pies que parecen bronce al rojo vivo: "Conozco tus obras, tu amor y tu fe, tu servicio y tu perseverancia, y sé que tus últimas obras son más abundantes que las primeras. Sin embargo, tengo en tu contra que toleras a Jezabel, esa mujer que dice ser profetisa. Con su enseñanza engaña a mis siervos, pues los induce a cometer inmoralidades sexuales y a comer alimentos sacrificados a los ídolos. Le he dado tiempo para que se arrepienta de su inmoralidad, pero no quiere hacerlo. Por eso la voy a postrar en un lecho de dolor, y a los que cometen adulterio con ella los haré sufrir terriblemente, a menos que se arrepientan de lo que aprendieron de ella. A los hijos de esa mujer los heriré de muerte. Así sabrán todas las iglesias que yo soy el que escudriña la mente y el corazón; y a cada uno de ustedes lo trataré de acuerdo con sus obras. Ahora, al resto de los que están en Tiatira, es decir, a ustedes que no siguen esa enseñanza ni han aprendido los mal llamados 'profundos secretos de Satanás', les digo que ya no les impondré ninguna otra carga. Eso sí, retengan con firmeza lo que ya tienen, hasta que yo venga.

Al que salga vencedor y cumpla mi voluntad hasta el fin, le daré autoridad sobre las naciones —así como yo la he recibido de mi Padre— y él las gobernará con puño de hierro; las hará pedazos como a vasijas de barro. También le daré la estrella de la mañana. El que tenga oídos, que oiga lo que el Espíritu dice a las iglesias"».

Apocalipsis 2:18-29

TOLERANCIA

Había muchísima tensión. Varios miembros hicieron suposiciones; algunos regaron chismes; la mayoría tomó partido. Como resultado, el conflicto en la iglesia estalló.

Para tratar la creciente división, me dirigí a la congregación un domingo por la noche, a fin de explicar el proceso bíblico para resolver los conflictos personales debido a los pecados cometidos por un hermano. Como la congregación nunca había practicado la disciplina de la iglesia, les expliqué Mateo 18:15-20, punto por punto, y apelé a la necesidad de una confrontación piadosa y llena de gracia por el bien del evangelio, el alma del pecador, la unidad de la iglesia, nuestro testimonio en la comunidad y la gloria de Cristo.

Fue entonces cuando él se puso de pie. Era diácono y miembro de la iglesia desde hacía mucho tiempo. Todos nos habíamos reunido con antelación (los diáconos y yo) para asegurarnos de estar en sintonía. Sin embargo, cuando terminé mis comentarios, él se levantó para hablar. «No estoy seguro de lo que acabas de decir —declaró con audacia—, pero lo que yo siento es que...». Dio a entender que yo estaba formando una tormenta en un vaso de agua, y que el verdadero problema era yo. Él permitió que sus sentimientos personales por el individuo en pecado y sin muestras de arrepentimiento gobernaran la Escritura. Me quedé estupefacto. No sabía cómo responder. Aunque creía en la Biblia y con anterioridad había aceptado aplicarla, este diácono eligió la tolerancia por encima de la disciplina de la iglesia, apoyado únicamente en sus «sentimientos».

Como pastor joven, aquella noche aprendí una valiosa lección sobre los miembros de la iglesia. En general, las iglesias se esfuerzan por amar a Cristo, amarse unos a otros y honrar a su pastor. En gran medida, creemos en la Biblia, procuramos obedecer sus mandamientos y seguir su guía. Por lo general, levantamos nuestras voces en contra de la degradación cultural, nos enfrentamos a los pecados seculares y juzgamos la moralidad mundana. Pero, cuando se trata de expresar las duras verdades de la Biblia a quienes amamos, es decir, a nosotros mismos, a nuestra familia o a nuestros amigos, con demasiada frecuencia estamos dispuestos a tolerar el pecado. Por la razón que sea (lealtad, engaño o miedo al hombre), somos reacios a confrontar a las personas que amamos y a exponer su error. Ya sabes, «No juzguen, y no se les juzgará», y todo eso; pero el peligro es que, para evitar el conflicto o para mantener una relación, toleramos el pecado impenitente en la iglesia.

Es cierto que, en nuestra cultura a gran escala, la «tolerancia» se presenta como una virtud. El sello de una sociedad moderna es vivir y dejar vivir, aceptar y ratificar las creencias y conductas de todos. Para los cristianos, la palabra a menudo tiene connotaciones más negativas. Parece como si la «tolerancia» se usara cual una carta de triunfo contra aquellos que no abrazan las ideas progresistas y la moral de la cultura secular. Hoy en día, eres «intolerante» si sugieres que el sexo debe reservarse para el matrimonio, si te niegas a reconocer al hombre que ahora se identifica como mujer, o si crees que Jesús es el único camino a Dios.

Pero el enfoque de este próximo mensaje en Apocalipsis, y también de este capítulo, no es sobre tolerar a las personas que están «allá afuera», sino a las personas que están «aquí dentro», personas que afirman pertenecer al cuerpo de Cristo, pero que actúan de manera muy contraria. Dentro de la iglesia, no podemos tolerar el pecado. Jesús quiere que tomemos el pecado en serio. Él habla de «cortarnos» las manos y los pies y de «sacarnos» los ojos si estos nos hacen pecar (Mat. 18:7-9). Jesús usa deliberadamente un lenguaje impactante, pero da a entender Su mensaje. No toleres el pecado: ni en nosotros mismos, ni en nuestros hermanos, ni en la iglesia. Al contrario, debemos decir la verdad en amor a nuestros hermanos que no se arrepienten. No debemos dejarlos en su pecado ni esperar que otros nos dejen en el nuestro.

¿Por qué? Porque un día ellos y nosotros nos encontraremos con Jesús. Y no será el Jesús que ves en los libros ilustrados…

No es el Jesús de la escuela dominical

Al igual que sucede con los mensajes a las otras iglesias, los cristianos de Tiatira solo pueden comenzar a vencer la amenaza de la tolerancia si miran al Cristo resucitado. Jesús se identifica en Apocalipsis 2:18 como «el Hijo de Dios». Este título es una referencia al Salmo 2, el cual nos recuerda que Jesús es el Hijo real a quien Dios ha puesto en el trono de David como gobernante y juez sobre todo el mundo.

Además, Jesús afirma que «… tiene ojos que resplandecen como llamas de fuego, y pies que parecen bronce al rojo vivo» (Apoc. 2:18, así como en 1:14-15). Esta imagen hace eco de Daniel 10, donde el mensajero de Dios, que pelea contra las naciones rebeldes, es descrito de similar forma (Dan. 10:6,13,20-21). En general, esta descripción apunta al juicio. Jesús es el Hijo a quien Dios el Padre ha dado autoridad para juzgar. Nada escapa a Su mirada llameante (Apoc. 2:18); Él es capaz de escudriñar «… la mente y el corazón; y a cada uno de ustedes lo trataré de acuerdo con sus obras» (v. 23). En cuanto a los que se rebelan en Su contra, Él los aplastará bajo Sus pies duros y metálicos.

¡Este no es el Jesús de la escuela dominical! Este Jesús es aterrador; Él quiere que así sea. Él desea que nos demos cuenta de que para los pecadores impenitentes es mejor soportar la disciplina de hermanos y hermanas ahora que caer bajo el justo juicio del Cristo que volverá. Esta visión de Jesús también tiene el propósito de mantenernos lejos del pecado. Podemos pensar que nunca nadie sabrá cuando hagamos clic en ese sitio web pornográfico o cuando deseemos a nuestra compañera de trabajo o cuando tengamos pensamientos envidiosos sobre nuestro vecino. Pero Jesús lo sabe; Él lo ve todo.

Si queremos vencer la amenaza de la tolerancia, debemos ver a Jesús como Él es: el Rey y Juez glorioso de toda la tierra. Llegará un día en que toda rodilla se doblará y toda lengua confesará que Jesucristo es el Señor. Entonces el mensaje es: sé prudente y póstrate ante el Rey Jesús ahora; sírvelo con temor; y besa al Hijo (Sal. 2:10-12).

El problema del amor sobre la verdad

La iglesia en Tiatira estaba llena de amor. De hecho, Jesús destaca su amor al mencionarlo primero entre sus obras, incluso antes de la fe, el servicio y la perseverancia (Apoc. 2:19). ¿A quién no le gustaría pertenecer a una iglesia como esta; una iglesia de la que Jesús afirma: *Estás creciendo en amor, fe, servicio y perseverancia*? ¡Ojalá todas nuestras iglesias pudieran ser descritas así! Pero ninguna iglesia es perfecta; como tampoco lo era la de Tiatira.

El problema era que la iglesia enfatizaba el amor en detrimento de la pureza doctrinal. Este es el problema opuesto al de la iglesia en Éfeso, la cual enfatizaba la verdad sobre el amor, pero la iglesia en Tiatira enfatizaba el amor sobre la verdad. Y, una vez más, vemos el peligro de separar estos dos. Este énfasis sesgado llevó a los cristianos de Tiatira a tolerar a una falsa profetiza que alentaba la idolatría (v. 20).

Tiatira no era una ciudad tan principal como Éfeso o Pérgamo, pero, así como sucedía con estas, la idolatría todavía era parte de ella. La deidad prominente en Tiatira era Apolo, hijo de Zeus. Esta puede ser una de las razones por las cuales Jesús se identifica como «el Hijo de Dios» en el versículo 18. Apolo era conocido como el dios de la curación, ya fuera por su propia mano o por la de su hijo Esculapio, pero también era conocido por causar enfermedades y plagas sobre aquellos que lo enojaban.

Al igual que Pérgamo, Tiatira tenía gremios comerciales relacionados con las deidades grecorromanas; pero, debido a la importancia de tales gremios en Tiatira, estos habrían representado una gran amenaza para la fidelidad de la iglesia. El comentarista Barry Beitzel observa que «los gremios comerciales celebraban festivales periódicos en los que se consumía comida ofrecida a los ídolos. Esto a veces iba acompañado de ritos disolutos en los que la religión y el sexo se mezclaban».[1]

Aunque en la actualidad no vayamos a los templos paganos, muchos cristianos enfrentan presiones similares. Imagina a una estudiante universitaria cristiana que es miembro de una fraternidad o de una

---

1   *Baker Encyclopedia of the Bible* [Enciclopedia bíblica de Baker], Vol. 2, pág. 2059.

hermandad de mujeres. Puede que asista a una celebración que comienza con un ambiente festivo, pero, a medida que las botellas se vacían y la noche se alarga, la fiesta se convierte en libertinaje e inmoralidad sexual. *Vamos, no seas tan mojigata*… O piensa en un empresario cristiano cuya compañía recompensa a su equipo con un viaje, pero, durante la escapada de fin de semana, sus compañeros lo presionan para que experimente con marihuana o cocaína. *Vamos, no le hará mal a nadie*… O tal vez un creyente quiera ser iniciado en una sociedad o club social, pero rápidamente se entera de que los ritos de iniciación consisten en verdaderos rituales paganos. *Vamos, en realidad no significa nada*… En tales casos, la presión para obtener o retener un estatus dentro de tu «gremio» es una amenaza muy real.

Sin embargo, el mayor problema para la iglesia en Tiatira era una mujer que afirmaba ser profetisa y que legitimaba tal comportamiento. Y, de hecho, un dilema aún mayor era que la iglesia la toleraba (v. 20). Como Jezabel en 1 Reyes 16:31-32, quien condujo al rey de Israel, Acab, a servir y adorar a Baal, esta mujer llevó a algunos en la iglesia a la idolatría mediante su enseñanza. No conocemos el contenido exacto de su doctrina, pero, a juzgar por la declaración irónica en Apocalipsis 2:24 en la que Jesús describe su enseñanza como «profundos secretos de Satanás», es probable que ella ofreciera algún tipo de «conocimiento más profundo» que «liberaba» a los cristianos para que participaran en fiestas paganas. Es posible que esta «Jezabel» de Tiatira enseñara una versión pervertida de la libertad cristiana.

La descripción que Jesús hace es a la vez sutil y clara. Ella es como Jezabel, pero, al afirmar «ser profetisa», alegaba estar hablando con la autoridad de Dios. ¿Con qué frecuencia oímos tales afirmaciones hoy de hombres y mujeres, en televisión y radio, mediante libros y conferencias, que alegan tener la revelación directa de Dios? Aseguran tener un «conocimiento más profundo de Dios» y están dispuestos a compartirlo contigo… por un precio. Pero no todos estos «profetas» de hoy parecen locos religiosos que afirman haber estado en el cielo y haber regresado de nuevo. Algunos parecen creíbles; una oleada de expertos con doctorados y pastores con iglesias enormes que afirman haber entendido la Biblia de una manera previamente desconocida durante la mayor parte de la historia de la Iglesia, y quieren enseñarte para que tú también puedas liberarte. Algunos quieren liberarte de los puntos de vista anticuados sobre el matrimonio, el género y la sexualidad. Otros quieren salvarte de una visión restrictiva de la salvación de Dios solo en Cristo. Varios quieren liberarte de una comprensión abusiva de la expiación. Los demás quieren emanciparte de una visión «legalista» de la santidad. Las Jezabel de la actualidad tienen la capacidad de hacer que las doctrinas hermosas reveladas por Dios en la Escritura parezcan sofocantes, restrictivas y limitantes.

A veces me pregunto si nosotros los cristianos somos de las personas más ingenuas sobre la faz de la tierra. Recuerdo una conversación con un cristiano profesante que afirmaba que ya no necesitaba pedir perdón.

—El sacrificio de Jesús es tan grandioso —me comentó—, que, cuando te arrepientes de tus pecados y confías en Cristo por primera vez, ya no necesitas más arrepentimiento.

Entonces le pregunté: —¿Quieres decir que, si cometes adulterio contra tu esposa, no necesitas arrepentirte y pedirle perdón?

Él respondió: —¡No! Jesús ya me ha perdonado.

Luego supe que este hombre estaba leyendo un libro de un personaje conocido de la radio cuya enseñanza lo «liberó» de una vida de constante arrepentimiento.

Si no estamos satisfechos con la vida cristiana normal (una vida que implica dar los mil pasos diarios de la fidelidad), entonces buscamos un «cristianismo» que sea más radical, más misterioso, más emocionante y más liberador. Y, mientras anhelemos un «conocimiento más profundo», habrá muchas «Jezabel» por ahí, tanto hombres como mujeres, que nos lo brindarán. Y, si no somos cuidadosos en nuestra búsqueda de un «conocimiento más profundo», nosotros mismos podemos convertirnos en esos falsos profetas que «Aparentarán ser piadosos, pero su conducta desmentirá el poder de la piedad. [...] siempre están aprendiendo, pero nunca logran conocer la verdad» (2 Tim. 3:5,7).

O tal vez *estés* satisfecho con el evangelio sencillo y auténtico y eres muy bueno en distinguir a las Jezabel de los cristianos genuinos. ¡Estupendo! ¿Pero amas a tus hermanos más débiles lo suficiente como para *protegerlos* también de las Jezabel de hoy? ¿Estás preparado para abordar y, cuando sea necesario, confrontar a las «Jezabel» en tu iglesia que están guiando a otros a pecar? Después de todo, Jesús primero se dirige a esos cristianos que toleran a las Jezabel (Apoc. 2:20). Tenemos que superar el miedo a herir sentimientos o perder relaciones. Tenemos que vencer el miedo al rechazo o al ridículo en público. Y, pastores, tenemos que superar el miedo a perder miembros y contribuciones.

¿Cómo superamos estos temores? Al creer (de verdad, creer) que es mejor para nuestros hermanos impenitentes soportar nuestra reprensión y disciplina que caer bajo el juicio del Rey resucitado. Y es con ese tema que Jesús regresa a continuación.

Cuatro verdades sobre el juicio

A menudo, cuando pensamos en la reprensión o en la disciplina de la iglesia, pensamos erróneamente en severidad irracional, decisiones injustas y líderes prepotentes e incluso odiosos. Eso podría ser porque hemos estado en iglesias donde en realidad ha sido así. Pero no es así como Dios disciplina, y tampoco debería ser la forma en que nosotros disciplinamos.

Observa la bondad del Señor en el versículo 21: «Le he dado tiempo para que se arrepienta...». En el caso de «Jezabel», parece que ella había sido advertida lo suficiente. Tal vez algunos en la iglesia la confrontaron en algún momento, pero, cuando ella no escuchó, le permitieron continuar guiando a otros miembros a la idolatría. Tristemente, en el versículo 21 vemos también la dureza de un corazón impenitente, porque, a pesar de recibir oportunidad de arrepentirse de su inmoralidad, «... no quiere hacerlo». Tendemos a olvidar que el juicio de Dios siempre viene después de que Su gracia y Su misericordia han sido rechazadas. Y ahora la paciencia de Jesús ha llegado a su fin. Dado que la iglesia se ha negado a disciplinar a Jezabel, Él ahora se ocupará personalmente del asunto. En los versículos siguientes, Jesús revela cuatro verdades sobre Su juicio.

Primero, el juicio de Jesús será severo (v. 22a). Él la va «a postrar en un lecho de dolor». Aquí Jesús usa la imagen de una infidelidad espiritual. Los verdaderos profetas presentaron la relación de Dios con Su pueblo como un pacto matrimonial, y su infidelidad a Dios como

prostitución y adulterio (Ezeq. 16; Os. 1-3). Lo mismo vemos aquí. Debido a que Jezabel alentó al pueblo de Dios a «cometer adulterio» con
deidades paganas, Jesús la postrará en «cama». Para aclarar la imagen, la
Nueva Versión Internacional lo traduce «lecho de dolor». Normalmente no asociamos el juicio de Dios con la enfermedad física y el
sufrimiento, pero la idea no es ajena a la Biblia. En 1 Corintios 11:30,
el apóstol Pablo les recuerda a los corintios que algunos de ellos están
«... enfermos y débiles, y mueren tantos», debido al juicio de Dios por
el abuso de la Cena del Señor. En definitiva, todo pecado lleva a la
muerte; pero Dios no juzga todo pecado con una muerte inmediata.
No obstante, esto parece ser lo que le acontecerá a Jezabel. Y estos
juicios terrenales son pequeños anticipos de lo que un día llegará en
toda su plenitud.

Segundo, el juicio de Jesús será riguroso (Apoc. 2:22b-23a).
Jezabel no será la única que enfrentará el juicio. Jesús declara que «a los
que cometen adulterio con ella los haré sufrir terriblemente» y «A los
hijos de esa mujer [es decir, a sus seguidores] los heriré de muerte...». La
ingenuidad no nos exime del juicio. Cada uno de nosotros es responsable
de sus propias acciones: «... cada uno morirá por su propia iniquidad»
(Jer. 31:30). Sin embargo, mientras tengamos aliento y el Rey no haya
regresado, Jesús da oportunidad para el arrepentimiento. Lo único que
los «hijos» de Jezabel deben hacer para escapar del juicio venidero del
Rey es arrepentirse «... de lo que aprendieron de ella» (Apoc. 2:22),
es decir, cambiar de parecer sobre las enseñanzas de Jezabel y abrazar
la doctrina de Jesús. Pero, si no se arrepienten, el juicio es inevitable, y
será riguroso.

Tercero, el juicio de Jesús será justo (v. 23). Él afirma que «... a
cada uno de ustedes lo trataré de acuerdo con sus obras». Debido a que
Jesús «... tiene ojos que resplandecen como llamas de fuego...» (v. 18),
Él «... escudriña la mente y el corazón...» (v. 23). Él lo ve todo y lo
sabe todo. En Apocalipsis 20:12, observamos una imagen del juicio final donde se abren libros que al parecer contienen un registro de todas
las acciones humanas: «Los muertos fueron juzgados según lo que habían hecho, conforme a lo que estaba escrito en los libros». Nada escapa a la mirada de Jesús, por lo que Él juzgará de acuerdo a todo lo que

ha visto en nuestra vida: nuestros pensamientos, actitudes y acciones. Él posee todos los hechos, por lo que el juicio será perfectamente justo.

Cuarto, el juicio de Jesús mostrará Su poder, Su autoridad y Su gloria (2:23). La consecuencia del juicio de Jezabel es que: «Así sabrán todas las iglesias que yo [Jesús] soy el que escudriña la mente y el corazón; y a cada uno de ustedes lo trataré de acuerdo con sus obras». En otras palabras, el juicio de Jesús mostrará que, como Hijo de Dios, se le ha dado autoridad para juzgar de una manera severa, rigurosa y justa.

Esta es una advertencia para todos los que no se aferran a Jesús y a Su doctrina. Con este conocimiento sencillo pero aterrador de Dios y Su Hijo, ¿por qué no te postras ante el Hijo y lo besas?

Las únicas cosas que Jesús desea

Entonces, rechaza las «Jezabel» actuales y sus idolatrías. Jesús afirma: «… no les impondré ninguna otra carga» que desechar los ídolos y aferrarse a Él (vv. 24-25). Es posible que nuestros ídolos de hoy no estén hechos de madera, piedra o metal, pero no son menos reales. Pueden ser más sutiles, pero no menos peligrosos. Toda idolatría comienza en el corazón y solo después se manifiesta externamente, ya sea en forma de estatuas o deseos y comportamientos. En esencia, los ídolos ofrecen promesas competitivas de gozo y satisfacción: ¿encontraremos gozo y satisfacción en Dios o en el sexo; en Dios o en el dinero; en Dios o en el poder; en Dios o en la comida?

Detrás de todo nuestro pecado impenitente está un alejamiento de Dios como nuestra única fuente de gozo y satisfacción y un cambio de dirección para encontrar satisfacción en nuestros ídolos preferidos. Tanto la esposa que manipula a su marido como el marido que abusa de su esposa se postran ante el ídolo del control. El adicto al trabajo que ansía dinero y posesiones sacrificará a su familia en el altar de la riqueza. La familia que prioriza los deportes el domingo por encima del compromiso con la iglesia está adorando en el santuario de la libertad. Y el cristiano soltero que comienza a salir con una inconversa está cumpliendo su deseo de sentirse amado y deseado como la fuente principal de su gozo y satisfacción. Tristemente, muchas Jezabel de hoy alientan y legitiman a los cristianos y a las iglesias a encontrar su gozo y satisfacción en estos falsos dioses.

Pero reitero, no solo debemos cuidarnos a nosotros mismos. Recuerda, el peligro en Tiatira era que *la iglesia toleraba* a una falsa maestra y su idolatría. Como resultado, aquellos que se mantuvieron fieles permitieron que algunos de sus hermanos rechazaran a Jesús y vagaran hasta recibir Su juicio. Las advertencias de Jesús nos ayudan a ver la naturaleza corporativa de la Iglesia. Ver a nuestros hermanos vagar hasta recibir el juicio de Jesús sin advertirlos no proviene del amor. Tenemos responsabilidad los unos por los otros.

Una cara de la moneda es: «Preocupémonos los unos por los otros, a fin de estimularnos al amor y a las buenas obras. No dejemos de congregarnos, como acostumbran hacerlo algunos, sino animémonos unos a otros, y con mayor razón ahora que vemos que aquel día se acerca» (Heb. 10:24-25).

Pero también está la otra cara de la moneda. La preocupación de Jesús es que Sus hijos, «retengan con firmeza lo que ya tienen, hasta que yo venga» (Apoc. 2:25). Y todos los que lo logren participarán en Su gobierno: «Al que salga vencedor y cumpla mi voluntad hasta el fin, le daré autoridad sobre las naciones —así como yo la he recibido de mi Padre— y él las gobernará con puño de hierro; las hará pedazos como a vasijas de barro» (vv. 26-27). A través de nuestra unión con Cristo, somos hijos reales (1:6; 5:10; 20:6). Y, como parte de eso, uno de nuestros roles es juzgar. La Iglesia ha recibido autoridad para juzgar con Jesús. Pablo argumenta que, debido a que los cristianos un día «juzgarán al mundo», nosotros deberíamos poder juzgar «los asuntos de esta vida» entre hermanos en Cristo (1 Cor. 6:2-3). Por consiguiente, como iglesia, compartimos el gobierno de Cristo, al ejercer la autoridad que Él nos ha dado en la práctica de la disciplina de la iglesia.

Pero esto lo tenemos que hacer de una manera que refleje la paciencia y la justicia de Cristo. Recuerda, debemos «vivir la verdad en amor» (Ef. 4:15). Para los miembros de la iglesia, esto significa guardar la dignidad de la persona que ha pecado contra ti o que se ha desviado. No debes chismear con los demás sobre la persona, sino ir a ella, en privado (Mat. 18:15). No hagas acusaciones bruscas. En cambio, acércate a la persona con amor y humildad. Recuerda, el objetivo es ganar a tu hermano, no ganar la discusión. Cada vez que he tenido que confrontar a un miembro de la iglesia, me ha parecido útil comenzar haciendo preguntas. Nunca tendré el conocimiento perfecto de Cristo, pero hacer preguntas abiertas en vez de apresurarme a sacar conclusiones puede ayudar mucho. «¿Estás bien? He notado cierta incomodidad entre nosotros. ¿He hecho algo que te ofendió?». Si la confrontación está más relacionada con aspectos doctrinales, yo podría decir: «Me he dado cuenta de que estás subiendo videos en Facebook del ministerio de fulano de tal en el que se dan fechas para el regreso de Cristo. ¿Cómo te interesaste por estas cosas? ¿Has escuchado lo que afirma Jesús en cuanto a que nadie sabe el día ni la hora de Su regreso? ¿Estarías dispuesto a sentarte conmigo para hablar sobre este tema?».

Al confrontar a un hermano en Cristo, esperamos que se arrepienta y que pueda reconciliarse con nosotros. Cuando la persona se arrepiente, debemos perdonarla de buena gana; no debemos sacarle ya más en cara sus pecados pasados. Debemos mostrar gracia. Pero a veces la persona continúa en su pecado o error sin arrepentirse. Es solo entonces que incluimos a otros hermanos en la operación de rescate (Mat. 18:16). Finalmente, si todavía se niega a escuchar y arrepentirse, debemos darlo a conocer a toda la iglesia, con la esperanza de que, al involucrar a toda la iglesia, uno de nosotros pueda llegar a esa persona (v. 17). Por desgracia, habrá ocasiones en las que incluso se negará a escuchar a la iglesia. En tales casos, cuando se trata de asuntos incuestionables y no de temas doctrinales secundarios (ver Rom. 14), los excluimos de la membresía porque tal persona no está viviendo según su profesión de fe en Cristo (Mat. 18:18).

Debido a que hoy el proceso amoroso de la disciplina de la iglesia rara vez se practica, los líderes deben enseñar y capacitar a la iglesia para establecerlo. Sin embargo, deben empezar por desarrollar una cultura en la iglesia donde haya una verdadera comunidad evangélica y donde los miembros se sientan abiertos y cómodos para hablar entre sí sobre el pecado; una cultura que se caracterice más por el estímulo que por la corrección. Cuando guiemos a los miembros de nuestra iglesia a orar unos por otros y a cuidarse unos a otros, podremos practicar la corrección en un contexto de amor. ¿Tiene tu iglesia una cultura así de saludable? ¿Qué se necesitaría para establecerla?

Una autoridad mejor

A decir verdad, todos merecemos el juicio. Pero, gracias a que Jesús recibió el juicio de Dios en la cruz a favor de todos los pecadores arrepentidos, aquellos que salgan vencedores al aferrarse a Jesús y a Su doctrina no tendrán que enfrentar ese juicio (Apoc. 2:11; 20:6). En cambio, en un eco del lenguaje del Salmo 2:9, todos los que venzan gobernarán o juzgarán a las naciones: «… le daré autoridad sobre las naciones —así como yo la he recibido de mi Padre— y él las gobernará con puño de hierro; las hará pedazos como a vasijas de barro» (Apoc. 2:26-27).

Cristiano, esta es tu identidad como hijo o hija real. No debemos jactarnos de nuestra identidad; solo la hemos recibido porque hemos recibido a Jesús, quien es «la estrella de la mañana» (v. 28; 22:16). Irónicamente, Balám profetizó sobre el gobierno y la autoridad de Jesús cuando expresó: «Lo veo, pero no ahora; lo contemplo, pero no de cerca. Una estrella saldrá de Jacob; un rey surgirá en Israel. Aplastará las sienes de Moab y el cráneo de todos los hijos de Set» (Núm. 24:17-19). Debido a que estamos unidos con Cristo, compartimos Su gobierno. Esto no es solo un mensaje a la iglesia en Tiatira; reitero, es un mensaje a todas las iglesias, a todos los que tengan oídos, que oigan lo que el Espíritu dice a las iglesias (Apoc. 2:29).

Ojalá yo hubiera escuchado antes. Honestamente, al comienzo de mi ministerio, yo era un cobarde. Me importaba más lo que la gente pensara de mí que hacer y decir en amor las cosas difíciles y necesarias. Si bien me gané la reputación de ser «buena gente» porque siempre me llevaba bien con todos, la verdad es que no era bueno en absoluto. Solo me amaba a mí mismo. En definitiva, lo que nos impide hablar la verdad en amor es un amor a uno mismo, que nos hace tolerar el pecado, la rebelión e incluso a los falsos maestros en la iglesia.

Si queremos vencer la amenaza de la tolerancia, primero debemos recordar que Jesús es el Hijo a quien el Padre ha dado toda autoridad para juzgar, y Su juicio es severo, riguroso, justo y glorifica a Dios.

Entonces, si verdaderamente amamos a nuestros hermanos en Cristo como Dios nos ha amado, ejerceremos la autoridad bíblica que compartimos con Cristo y confrontaremos el pecado impenitente con paciencia, misericordia y gracia. La disciplina nunca debería ser cosa fácil; el pragmatismo siempre se le opondrá. Sin embargo, es mejor que nuestros hermanos impenitentes soporten nuestro juicio y no que sufran el juicio final de Jesús. Hace falta gracia y sabiduría verdaderas para mantener la unidad entre la verdad y el amor, de modo que ustedes puedan ayudarse unos a otros a crecer a la imagen de Cristo y a escapar del juicio eterno de Jesús. Que Dios nos otorgue de Su gracia y Su sabiduría.

5

UNA BUENA REPUTACIÓN

«Escribe al ángel de la iglesia de Sardis:

Esto dice el que tiene los siete espíritus de Dios y las siete estrellas: Conozco tus obras; tienes fama de estar vivo, pero en realidad estás muerto. ¡Despierta! Reaviva lo que aún es rescatable, pues no he encontrado que tus obras sean perfectas delante de mi Dios. Así que recuerda lo que has recibido y oído; obedécelo y arrepiéntete. Si no te mantienes despierto, cuando menos lo esperes caeré sobre ti como ladrón.

Sin embargo, tienes de Sardis a unos cuantos que no se han manchado la ropa. Ellos, por ser dignos, andarán conmigo vestidos de blanco. El que salga vencedor se vestirá de blanco. Jamás borraré su nombre del libro de la vida, sino que reconoceré su nombre delante de mi Padre y delante de sus ángeles. El que tenga oídos, que oiga lo que el Espíritu dice a las iglesias».

Apocalipsis 3:1-6

UNA BUENA REPUTACIÓN

¿Qué quieres que digan los visitantes sobre tu iglesia? Como pastor, es una pregunta que me planteo. Estoy seguro de que los miembros de la iglesia también comparten la preocupación por el nombre o la reputación de su iglesia en la comunidad. Una iglesia prominente en nuestra ciudad se conoce como la «iglesia del ministerio de niños». Si deseas que tus hijos sean bien atendidos y disfruten el tiempo en la iglesia, ese es el lugar indicado para ti. Otra, es la iglesia «ven como eres», donde su lema declara: «No se permiten personas perfectas». Estas iglesias han trabajado arduamente para obtener estas reputaciones. Sin embargo, otras iglesias obtienen su nombre por defecto. Como vivimos en una ciudad universitaria, nosotros tenemos la «iglesia de la universidad», que atrae a muchos estudiantes y jóvenes solteros. Tenemos iglesias «tradicionales» y «contemporáneas», iglesias «carismáticas» y «anti-carismáticas», iglesias «denominacionales» y «no denominacionales». Los visitantes potenciales incluso serán propensos a tomar decisiones sobre una iglesia en función de su nombre: «Primera Iglesia Bautista» da una impresión claramente diferente a la de «Comunidad Nueva Primavera».

Cuando saludo a los visitantes en mi iglesia, High Pointe, me gusta hacerles algunas preguntas: «¿Nos han visitado antes? ¿Cómo supieron de nosotros? ¿Qué les fue de bendición en nuestro servicio de hoy?». Al estar comprometido con la exposición bíblica, siempre me siento particularmente orgulloso cuando mencionan que nuestra reputación de sana predicación fue lo que los atrajo a nosotros. «Estamos buscando una iglesia verdaderamente centrada en el evangelio, por lo que la suya es la primera que hemos probado». «Unos amigos nos comentaron que la enseñanza aquí es excelente, así que decidimos venir».

Esa es precisamente la reputación que yo quiero que High Pointe tenga, y empiezo a sentirme engreído por habérnosla ganado.

Pero luego el Espíritu Santo me confronta y me recuerda que el orgullo, ya sea por nuestro ministerio de niños o por nuestra teología, es pecaminoso y Dios se opone a él. Y, si no tenemos cuidado, jactarnos de nuestras convicciones puede ganarnos la reputación de estar «vivos» cuando, de hecho, somos simplemente otra iglesia que ofrece lo que un determinado consumidor quiere; en nuestro caso: teología reformada.

Sin embargo, el problema es que la valoración que las personas que visitan tu ciudad pueden hacer de tu iglesia, en definitiva, no tiene importancia. La valoración de Jesús es la única que importa. La verdadera pregunta es: ¿cómo valora *Jesús* tu iglesia? Esa es la pregunta que tiene su respuesta en el mensaje a la iglesia de Sardis.

Lo que esta iglesia y la tuya enfrentan es la amenaza del orgullo; es decir, confiar en nuestra propia capacidad para edificar la iglesia y jactarnos de la reputación que nosotros mismos nos hemos hecho, cuando, en realidad, Jesús afirma que estamos «muertos» por dentro.

La verdadera fuente de la vida de la Iglesia

Quitar nuestros ojos de Jesús y creernos muy importantes es algo peligroso. Así que, al igual que con todas las demás, Jesús llama a la iglesia de Sardis a regresar a la visión de Sí mismo en Apocalipsis 1:9-20. Él les recuerda que solo Él «tiene los siete espíritus de Dios y las siete estrellas» (Apoc. 3:1a).

«¡¿Siete espíritus de Dios!?», te preguntarás. Recuerda que, en toda esta carta profética, los números se usan simbólicamente. Los múltiplos de siete y de diez expresan plenitud; siete, plenitud de calidad; diez, plenitud de cantidad. Así que, en Apocalipsis 1:4-5, Juan saluda a las siete iglesias de Asia Menor con la gracia del Dios trino: el Padre, «el que es, el que era y el que ha de venir»; el Hijo, «Jesucristo»; y el Espíritu Santo, «los siete espíritus que están delante de su trono». Aquí, los «siete espíritus» de Dios simbolizan al Espíritu Santo en Su plenitud, la fuente de vida. Ahora, en 3:1, se nos dice que Jesús posee el Espíritu y «las siete estrellas» que, según indica Apocalipsis 1:20, son «los ángeles de las siete iglesias». Estos ángeles representan a las iglesias delante del trono y transmiten las palabras de Jesús a las iglesias. Al declarar que los tiene en su mano derecha (Apoc. 1:16), Jesús no solo revela Su soberanía sobre las iglesias y sus mensajeros; también revela que Él es la fuente de los mensajes a las iglesias.

Cuando logramos entender esta idea, nos percatamos de que solo Jesús le da vida a la Iglesia por Su Espíritu y Su palabra; por lo tanto, no hay lugar para el orgullo humano en absoluto.

¿Qué relevancia tiene un nombre?

¿Por qué habría necesitado la iglesia de Sardis ver este aspecto del Cristo resucitado? ¡Porque eran orgullosos! Confiaban en su «fama de estar vivos». La palabra traducida como «fama» en el versículo 1b significa literalmente «nombre». Y, a través de este mensaje, Jesús enfatiza el concepto de «nombre» (aquí, y dos veces en el 5).

¿Por qué podría una iglesia ganar un «nombre» de estar «viva»? Podemos sentirnos tentados a pensar que nuestra iglesia está «viva» cuando la asistencia es alta y va en aumento; hay muchos jóvenes, solteros y casados; la guardería está repleta; y el presupuesto es cada vez mayor. Quizás eres parte de una generación que vinculaba la «vida» en una iglesia con sus actividades. Para ti, una iglesia está «viva» cuando el calendario está lleno de actividades de los ministerios, programas, estudios bíblicos, grupos pequeños, alcance evangelístico y discipulado. O tal vez eres de la generación que percibe «vida» en la iglesia cuando esta trabaja arduamente en la comunidad y busca asociarse con las escuelas públicas, ayudar a los pobres, alimentar a los hambrientos y acabar con la trata de personas. Al menos en Estados Unidos, algunos quieren ser parte de una iglesia que esté «viva» en su influencia. Los evangélicos de mayor edad son propensos a hacer énfasis en ganar influencia en el ámbito político, mientras que los evangélicos más jóvenes a menudo se preocupan más por la justicia social.

Para algunos, la iglesia que está «viva» es la iglesia «relevante»; esa con un sitio web perfecto, el ambiente de «ven tal y como eres» y una cafetería estupenda. Ahora, aquellos que son «espirituales» se ríen de eso porque saben que la «vida» en una iglesia se evidencia en la música animada, la repetición de las letras, las manos levantadas, las velas, el incienso o la iluminación de ambiente. Pero no nos olvidemos de los «superespirituales». Ellos ven la «vida» en la pureza doctrinal de una iglesia y en la predicación llena del Espíritu. Existen muchas razones por las cuales podemos estar seguros de que nuestra iglesia está viva, no como *esas otras*. Y, ya sea de manera consciente o no, todos estamos tratando de construir la «marca» de nuestra iglesia.

No me malinterpretes. Es correcto querer presenciar un crecimiento en nuestras iglesias y ver personas incrédulas profesar la fe en Cristo e incorporarse a la membresía. Queremos aumentar nuestra generosidad para el progreso del evangelio. Queremos ver a nuestros miembros servir en la iglesia y en la comunidad. Queremos influir en el mundo con el evangelio. Queremos que nuestra adoración colectiva exalte a Cristo y esté llena del Espíritu. Queremos tener la doctrina correcta. Estos buenos deseos no son el problema. El problema es confiar en que estas cosas van a darnos vida o confiar en que estamos «vivos» como iglesia solo porque las estamos haciendo. Debemos tener cuidado de cómo valoramos las iglesias, incluida la nuestra.

La iglesia de Sardis tenía un «nombre» de estar «viva». Si te hubieras mudado a Sardis a finales del siglo I y hubieras pedido recomendaciones de iglesias, todos habrían dicho: «Debes ver la iglesia de Sardis, ese lugar está vivo. No hay otra iglesia como esa». Sin embargo, Jesús conoce sus «obras» y, desde Su perspectiva, ellos no están realmente «vivos», sino «muertos» (Apoc. 3:1-2). Puedes tener un programa completo y estar muerto. Puedes tener bancos llenos y estar muerto. Los cristianos de Sardis estaban engañados.

Tristemente, la iglesia de Sardis reflejaba la historia de su ciudad. Sardis se jactaba de dos cosas: su riqueza y sus defensas naturales. La ciudad estaba situada en la cima de una colina, rodeada de acantilados que se consideraban imposibles de escalar. Ellos estaban tan confiados en sus defensas naturales que no colocaron guardias en el precipicio más peligroso. Pero su arrogancia los condujo a la derrota; no una, sino dos veces. En el sitio más peligroso, donde menos lo esperaban, guerreros atrevidos arriesgaron sus vidas para tomar la ciudad por sorpresa. Además, un gran terremoto en el año 17 d.C. destruyó Sardis, y dejó la ciudad con una gran deuda. Los ciudadanos de Sardis, en otro tiempo orgullosos de sus riquezas y de sus defensas naturales, fueron derrotados. Esta es una verdadera historia de un rico que terminó sumamente pobre. Ellos fueron tomados por sorpresa y destruidos. ¡Ese es el peligro del orgullo!

Los cristianos de Sardis no son los únicos orgullosos, ¿verdad? En la actualidad, nosotros también somos propensos a confiar en nuestro propio poder y capacidad para edificar la Iglesia de Cristo y a jactarnos de la reputación que nos hemos hecho, en lugar de gloriarnos en Cristo. Si queremos vencer esta amenaza, también debemos mirar primero al Cristo resucitado, que es el único que edifica Su Iglesia por Su palabra y Su Espíritu. En Él está la vida. Y eso es exactamente lo que apreciamos en todo el libro de los Hechos. La Iglesia cobra vida cuando la palabra de Jesús se propaga y es acompañada por Su Espíritu, de modo que «... la palabra de Dios se difundía» a medida que la Iglesia crecía (Hech. 6:7).

Pero anímate. Si tienes una iglesia que se ve bien por fuera, pero debajo es orgullosa o está muerta, o ambas cosas, Jesús tiene un plan de resucitación.

Cómo restaurar la vida matando el orgullo

En una serie de cinco mandamientos, Jesús muestra a la iglesia de Sardis lo que debe hacer para evitar su muerte inminente. Si queremos superar la amenaza del orgullo, también nosotros debemos prestar atención a Sus advertencias.

1. ¡Despierta!

Al igual que la ciudad de Sardis, la iglesia confió en su «nombre» y bajó la guardia. Ahora Jesús los llama a estar constantemente despiertos, atentos y alertas (Apoc. 3:2a). Encontramos este mismo mandato en todo el Nuevo Testamento. Jesús ordenó a Sus discípulos: «... manténganse despiertos, porque no saben qué día vendrá su Señor» (Mat. 24:42). En el jardín de Getsemaní, Jesús les pidió a Pedro, Jacobo y Juan que permanecieran despiertos con Él mientras oraba. Se durmieron, por lo que Jesús les encargó que «estén alerta y oren para que no caigan en tentación» (Mat. 26:38-41). Y, en Apocalipsis 16:15, cuando el momento culminante del juicio de Jesús se aproxima en la batalla del Apocalipsis, Jesús advierte: «¡Cuidado! ¡Vengo como un ladrón! Dichoso el que se mantenga despierto, con su ropa a la mano, no sea que ande desnudo y sufra vergüenza por su desnudez».

Las advertencias del Nuevo Testamento de «manténganse despiertos» nos urgen a esperar el regreso de Cristo, pues Él vendrá «como un ladrón», y no queremos que nos tome por sorpresa mientras dormimos en el trabajo. Además, la historia de Sardis debería recordarnos nuestra necesidad de «despertar» a los ataques enemigos de las tentaciones del diablo. ¿De qué manera nosotros, al igual que la ciudad de Sardis, hemos bajado la guardia? ¿Vivimos como si Cristo pudiera regresar en cualquier momento? ¡Despierta!

2. Reaviva lo que aún es rescatable

La valoración que Jesús hace de la iglesia de Sardis es dura al principio, pero Él ofrece esperanza. *¡Anímate! Todavía no estás muerta*; hay algo allí que «es rescatable» y que aún puede reavivarse (Apoc. 3:2). Que esto sea una advertencia para aquellos de nosotros que tendemos a ser hipercríticos y que rápidamente calificamos a las iglesias como «muertas». Ninguna iglesia parece tan muerta como la de Sardis según el juicio de Jesús, pero todavía hay suficientes aspectos en la iglesia que pueden reavivarse. Si eres cristiano y te encuentras en una iglesia que parece muerta, permite que esta verdad te dé esperanza.

La iglesia parece «muerta» porque sus obras son deficientes. Jesús afirma: «Conozco tus obras…» (Apoc. 3:1), y «… no he encontrado que tus obras sean perfectas…» (Apoc. 3:2). Sin lugar a dudas, no somos salvos por nuestras obras, pero, si somos salvos, nuestra fe producirá obras. Como declara Santiago: «… la fe por sí sola, si no tiene obras, está muerta» (Sant. 2:14-17), y este parece ser el caso con la iglesia de Sardis. Así que deben reavivar lo que todavía es rescatable; su fe debe dar evidencia de salvación a través de buenas obras. Después de todo, en el juicio final, Jesús tratará «… a cada uno de ustedes […] de acuerdo con sus obras» (Apoc. 2:23).

¿De qué obras está hablando Jesús? Claramente, la iglesia de Sardis estaba haciendo *algo* que le ganó la fama de estar viva (Apoc. 3:1). Pero la actividad frenética no es lo mismo que las buenas obras motivadas por la fe; lo que importa es *qué* estás haciendo y *por qué*, no solo el hecho de que *estás* haciendo algo. Jesús elogió a los cristianos de Éfeso por sus obras de duro trabajo, de perseverancia y de lucha por la pureza doctrinal (Apoc. 2:2); elogió a los cristianos de Tiatira por sus obras de amor, fe, servicio y perseverancia (Apoc. 2:19). Fundamentalmente, Jesús expone que la iglesia de Sardis carece de las buenas obras que «... Dios dispuso de antemano a fin de que las pongamos en práctica» (Ef. 2:10). Por esta razón, Jesús les ordena que crezcan en buenas obras.

Sin embargo, este mandamiento conlleva una advertencia. Es posible que una iglesia exija buenas obras aparte del evangelio y del poder del Espíritu Santo. Esto es un peligro para la iglesia culturalmente «conservadora» de hoy. Esta es la iglesia que no habla mucho sobre el evangelio, pero sí sobre el alcohol, el baile, los juegos de cartas y otros entretenimientos mundanos. Bueno, solo dice una cosa: ¡*no!* En esta iglesia no hay un llamamiento del evangelio porque no hay una proclamación del evangelio. Ellos simplemente te plantean que, para venir a Cristo, debes reformar tu comportamiento. De hecho, si quieres asistir a la iglesia, más te vale que reformes tu comportamiento. Este es un mensaje del infierno. El evangelio nos recuerda que no tenemos el poder para reformar nuestro propio comportamiento por completo. Es por eso que necesitamos que Jesús nos dé vida por Su palabra y Su Espíritu, y Él ofrece vida a todos los que vienen a Él en arrepentimiento y fe, tal como son. Y, cuando lo haces, Él es quien promete limpiarte (Ef. 5:25-27). Esta es *una buena noticia*: ¡este es el evangelio! Cuando creemos en este evangelio, él producirá el fruto de las buenas obras. Eso es lo que Jesús indica a continuación...

3 y 4. Recuerda el evangelio y obedécelo

Estos dos mandamientos van juntos y nos muestran cómo permanecer despiertos y avivar lo que es rescatable (Apoc. 3:3). El letargo de los cristianos de Sardis y sus obras incompletas evidenciaban que habían olvidado el evangelio; y, como resultado, no lo estaban obedeciendo. Olvidamos el evangelio cuando lo damos por sentado. Necesitamos el evangelio no solo para obtener nueva vida espiritual, sino también para tener una vida espiritual constante. Sin embargo, es tan fácil suponer que nuestra iglesia lo conoce y lo entiende. Podríamos dejar el recordatorio del evangelio fuera de un sermón porque suponemos que la gente podrá «llenar los espacios en blanco» y queremos tener tiempo para decir algo «más sustancioso». Podríamos omitir algunas preguntas en un estudio bíblico porque las respuestas parecen obvias.

Pero el teólogo Don Carson nos recuerda que el evangelio puede perderse en una sola generación. La primera generación *cree* en el evangelio y aplica fielmente todas sus implicaciones a su vida personal, eclesiástica y pública. La segunda generación *da por sentado* el evangelio, pero todavía avanza y adopta sus implicaciones. La tercera generación *niega* el evangelio y solo acepta sus implicaciones. Considera la trayectoria de las iglesias liberales protestantes. Aunque se originaron con un fundamento evangélico sólido, en la actualidad se conocen por sus armarios de ropa, despensas de alimentos y hospitales. Sus viajes misioneros incluyen la edificación de hogares e iglesias, pero no la consolidación de la Iglesia de Jesucristo mediante la proclamación del evangelio. Por muy viva que parezca tu iglesia ahora, también está a solo un par de generaciones de una posible muerte.

Esto le ordena Jesús a la iglesia de Sardis: «Así que recuerda lo que has recibido y oído» (Apoc. 3:3). Pablo usa el mismo lenguaje con los corintios cuando les encomienda: «Ahora, hermanos, quiero recordarles el evangelio que les prediqué, el mismo que recibieron y en el cual se mantienen firmes. Mediante este evangelio son salvos, si se aferran a la palabra que les prediqué» (1 Cor. 15:1-2). El evangelio es la revelación de Dios sobre Jesús: la buena noticia de que, aunque merecemos el juicio de Dios, Él ha ofrecido a Jesús para vivir la vida que Dios exige de nosotros y pagar el castigo que le debemos por el pecado. Además, cualquiera que abrace la oferta de Dios, a través del arrepentimiento y la fe, recibe el perdón de los pecados y una posición correcta ante Él. En el misterio de la gracia soberana de Dios se produce nueva vida cuando se predica la palabra del evangelio acompañada por el Espíritu Santo. Como Pedro declara: «Ustedes han nacido de nuevo, no de simiente perecedera sino de simiente imperecedera, mediante la palabra de Dios que vive y permanece» (1 Ped. 1:23). Esto es lo que los cristianos de Sardis habían recibido y escuchado.

Pero la vida cristiana no se trata solo de «escuchar» el evangelio y estar de acuerdo con él. Una señal de fe genuina es la obediencia; «obedecer» el evangelio (Apoc. 3:3). En la Gran Comisión, Jesús no ordena a Sus discípulos simplemente a hacer conversos o a guiarlos a decidirse por Cristo. El Señor nos encarga anunciar el evangelio a todos los pueblos; incorporar a la Iglesia, a través del bautismo, a aquellos que responden con arrepentimiento y fe; y enseñarles a «obedecer» todo lo que Él ha ordenado (Mat. 28:19-20, la misma palabra que aparece en Apoc. 3:3). Este mensaje evangélico integral es el fundamento de la Iglesia; es la base sobre la cual Jesús está edificando Su Iglesia. En consecuencia, no hay otro fundamento sobre el cual podamos edificar la Iglesia de Jesús: ni sentimientos, ni números, ni actividades, ni ministerios, ni música, ni relevancia, ni café; solo Cristo y nada más. Todas estas cosas pueden adornar el evangelio, pero no son su contenido.

Obedecer el evangelio debe influenciar cada área de nuestra vida, individualmente y como iglesia. Considera el «nombre» que los cristianos tenemos en nuestra cultura. En muchos casos, nuestra reputación no es positiva; pero, cuando obedecemos realmente el evangelio, serviremos a este mundo incrédulo y hostil como fieles embajadores del Rey Jesús. Lo opuesto a un cristiano orgulloso es uno agradecido, que muestra gratitud por lo que Jesús ha hecho por él, consciente de que no lo merecía. Si obedecemos el evangelio, será el poder del Espíritu el que nos motivará, y no las pasiones del mundo. Nuestra vida se caracterizará por las obras del Espíritu y no por las obras de la carne (Gál. 5:16-24). Estaremos más interesados en hacer que Jesús quede bien que en tratar de quedar bien nosotros. Serviremos a nuestros vecinos en lugar de servir a nuestros propios intereses y deseos. Procuraremos edificar a otras personas en lugar de tratar de construir nuestros propios pequeños reinos. ¿Acaso no cambiaría para bien nuestra reputación en la comunidad si comenzáramos a vivir en obediencia al evangelio de Jesucristo?

Imagina el impacto que obedecer el evangelio tendría asimismo en la vida de una iglesia. Si camináramos juntos en obediencia a este glorioso evangelio, lucharíamos por mantener la unidad del Espíritu en vez de pelear unos con otros para hacer nuestra voluntad. Imagina cuán diferentes podrían ser las reuniones de los ministerios o cómo cambiarían las asambleas de miembros si, en lugar de luchar por nuestras preferencias, cediéramos unos ante otros en cuestiones donde existe desacuerdo y priorizáramos a los demás, porque eso fue lo que Jesús hizo por nosotros. Piensa cómo cambiaría la cultura de nuestra iglesia cuando, en lugar de suponer lo peor de alguien, empezáramos a suponer lo mejor, porque se trata de un hermano por quien Cristo murió. Imagina relaciones donde sea seguro hablar la verdad del evangelio entre los hermanos, alentándonos y corrigiéndonos en amor; donde sea seguro confesar el pecado y conceder el perdón, porque sabemos que ya tenemos el perdón de nuestro Padre. ¡Tal iglesia ganaría una reputación de estar viva!

Pero obedecer el evangelio no ocurre naturalmente. Debemos estar atentos; ¡debemos permanecer despiertos! Por lo tanto, los pastores deben predicar este evangelio con fidelidad y regularidad cada domingo. Y la iglesia debe recibir fielmente este evangelio y propagarlo en todas las casas de la congregación: en la mesa al cenar, en la sala, en las habitaciones de nuestros hijos. Además, debemos comunicar este evangelio en todas las áreas de la vida de la iglesia. Nuestro plan de estudios, desde niños hasta adultos mayores, desde los grupos pequeños hasta las clases de la escuela dominical, debe enseñar y explicar este evangelio, a fin de equiparnos para vivir vidas dignas de él. Solo con esa diligencia podremos permanecer despiertos, reavivar lo que aún es rescatable y recordar y obedecer el evangelio.

Sin embargo, es probable que tu iglesia no coincida con la imagen que acabo de describir. Entonces, ¿qué debemos hacer si de alguna manera hemos olvidado el evangelio?

5. Arrepiéntete

Si hemos dado por sentado, olvidado o incluso rechazado el evangelio, Jesús nos llama a arrepentirnos; a cambiar nuestra forma de pensar sobre Cristo y sobre la fuente de la vida verdadera en la iglesia (Apoc. 3:3). Debemos dejar de pensar que podemos producir «vida» en la iglesia por nuestra propia fuerza, creatividad y capacidad de programar. En vez de orgullo, deberíamos cultivar humildad. En vez de jactarnos, deberíamos dar gracias por la vida que tenemos en Cristo por Su palabra y Su Espíritu. Pero, si no nos arrepentimos, Jesús advierte que vendrá «como un ladrón, y no sabrás a qué hora vendré contra ti». Si continuamos en nuestro letargo del evangelio, Jesús vendrá como juez y nos tomará desprevenidos, al igual que a los ciudadanos de Sardis.

Pedro nos recuerda que el juicio comienza por la iglesia (1 Ped. 4:17). Es muy probable que Jesús aquí no esté hablando sobre el juicio final, sino de una visita de juicio sobre la iglesia de Sardis en la cual Él quita su candelabro. A veces el juicio de Jesús parece tardar en llegar, pero debemos recordar que vendrá. La buena noticia es que, mientras se mantenga el llamado al arrepentimiento, tenemos esperanza. No importa cuán enferma pueda estar nuestra iglesia, Cristo puede darle vida a través del evangelio.

Unos pocos fieles

Al referirse a la iglesia de Pérgamo, Jesús solo tenía «unas cuantas cosas en tu contra» (Apoc. 2:14). Lamentablemente, Jesús tiene mucho en contra de la iglesia de Sardis. Sin embargo, «tienes en Sardis a unos cuantos que no se han manchado la ropa» (Apoc. 3:4a). Así que, mientras haya unos pocos nombres en nuestras iglesias que sean fieles, podemos reavivar lo rescatable. A aquellos que permanecen fieles, Jesús les asegura: «Ellos, por ser dignos, andarán conmigo vestidos de blanco» (Apoc. 3:4). Reitero, no es que ellos se hayan ganado el favor de Dios, sino que han recordado el evangelio que escucharon y lo han obedecido, y su santidad da evidencias de su fe genuina. La imagen de caminar con Jesús vestido de blanco probablemente apunta a la idea de que los romanos celebraban las victorias militares en una procesión, vestidos con túnicas blancas. Así que, si bien Sardis fue saqueada dos veces porque bajaron la guardia, y si bien la iglesia de Sardis debe despertarse para que Cristo no la saquee, «El que salga vencedor se vestirá de blanco». Ellos serán vencedores que marcharán con el Rey Jesús (v. 5).

Fíjate también en la segunda promesa. El que salga vencedor al recordar y obedecer el evangelio, en lugar de juicio recibirá la vida eterna. Jesús afirma: «Jamás borraré su nombre del libro de la vida…». Esto no significa que podemos perder nuestra salvación (v. 5). Es una amenaza (como en Mateo 7:21-23); y afirma que aquellos que no permanezcan fieles, y, por lo tanto, demuestren no ser cristianos al no obedecer el evangelio, serán juzgados según sus obras. No obstante, aquellos que son fieles deben ver esta promesa como una garantía de que Jesús, quien les dio vida por Su palabra y Su Espíritu, se asegurará de que perseveren hasta el fin. Si recordamos el evangelio y lo obedecemos, no tenemos motivos para temer que nuestro nombre sea borrado del libro de la vida.

Finalmente, el que salga vencedor al recordar y obedecer el evangelio recibirá el único reconocimiento de nombre que importa. Jesús declara: «… reconoceré su nombre delante de mi Padre y delante de sus ángeles» (Apoc. 3:5). A pesar de que nos esforzamos tanto por ser notables y por hacer importantes a nuestras iglesias ante el mundo, el único reconocimiento de nombre que debemos desear es el de nuestro Señor. Deja que la valoración que Él tiene de ti sea suficiente.

Una iglesia puede tener un buen nombre en la comunidad por varias razones; pero ora para que tu iglesia no sea conocida por su tamaño, su presupuesto o sus instalaciones, ni por el impacto en su comunidad o por su influencia política, ni por su estilo de música o su grupo de alabanza, ni por su sitio web o su café, ni siquiera por tener la doctrina correcta o predicaciones geniales, sino por aferrarse a Cristo, recordar Su evangelio y obedecer Su palabra. Demasiadas iglesias han luchado con fervor por lograr un nombre reconocido, pero no han apreciado el evangelio. Lamentablemente, algunas de esas iglesias ya no existen, y las instalaciones en las que se reunían ahora son mezquitas, centros comunitarios o viviendas.

Cuando el Cristo resucitado evalúe tu iglesia, ¿qué dirá? Si tu vida como iglesia está arraigada en el evangelio y en el Espíritu que dan vida, entonces, independientemente de la etiqueta que el mundo te coloque, Jesús asegurará: *El mundo puede declararte muerta, ¡pero tú estás viva!*

6

DUDAR DE
UNO MISMO

«Escribe al ángel de la iglesia de Filadelfia:

Esto dice el Santo, el Verdadero, el que tiene la llave de David, el que abre y nadie puede cerrar, el que cierra y nadie puede abrir: "Conozco tus obras. Mira que delante de ti he dejado abierta una puerta que nadie puede cerrar. Ya sé que tus fuerzas son pocas, pero has obedecido mi palabra y no has renegado de mi nombre. Voy a hacer que los de la sinagoga de Satanás, que dicen ser judíos pero que en realidad mienten, vayan y se postren a tus pies, y reconozcan que yo te he amado. Ya que has guardado mi mandato de ser constante, yo por mi parte te guardaré de la hora de tentación, que vendrá sobre el mundo entero para poner a prueba a los que viven en la tierra.

Vengo pronto. Aférrate a lo que tienes, para que nadie te quite la corona. Al que salga vencedor lo haré columna del templo de mi Dios, y ya no saldrá jamás de allí. Sobre él grabaré el nombre de mi Dios y el nombre de la nueva Jerusalén, ciudad de mi Dios, la que baja del cielo de parte de mi Dios; y también grabaré sobre él mi nombre nuevo. El que tenga oídos, que oiga lo que el Espíritu dice a las iglesias"».

Apocalipsis 3:7-13

DUDAR DE UNO MISMO

Iglesia, tenemos un problema.

Bueno, tenemos más de un problema. Pero, desde hace algún tiempo, los cristianos de Occidente han apoyado la idea de que las megaiglesias, con sus célebres pastores, constituyen los ministerios mejores, más exitosos y más influyentes, y que todas las iglesias deberían esforzarse para llegar a ser como ellas. El problema tiene dos aristas. Nosotros creamos a los pastores famosos y a las megaiglesias al consumir sus sermones y recursos, y ellos (algunos de ellos, mas no todos) parecen convencidos de que el reino no puede continuar sin su presencia. En consecuencia, al creer ser el regalo de Dios para el reino, estas iglesias se reproducen en múltiples recintos universitarios y proyectan a sus pastores parlanchines en pantallas de video. Es como si estuvieran señalando: «Puesto que esas pequeñas iglesias ya no son relevantes, ni lo suficientemente creativas como para llegar a las generaciones más jóvenes, nos corresponde a nosotros».

Es cierto que estoy generalizando. Muchos de los pastores «célebres» que conozco trabajan arduamente para distanciarse de ese estatus. Son hermanos humildes que procuran pastorear fielmente a todos los consumidores teológicos que entran por las puertas de su iglesia. Además, no hay nada inherentemente negativo en ser una iglesia grande. La primera iglesia en Hechos era una megaiglesia. Aun así, como los cristianos occidentales también somos muy propensos al consumismo, todo lo que un pastor empresarial tiene que hacer para ser exitoso es satisfacer nuestras «necesidades sentidas», ya sean estas necesidades prácticas o teológicas. Como resultado, estas iglesias y pastores «exitosos» son recompensados con crecimiento numérico, influencia cultural y reconocimiento denominacional o en la comunidad. Y, si no somos cuidadosos, asumiremos que el «éxito» de su ministerio equivale a la bendición de Dios, y que nuestra falta de «éxito» ministerial equivale al rechazo de Dios.

Como alguien cuyo primer pastorado fue en una iglesia de poco más de 100 miembros, sé lo que es sentirse irrelevante, incluso fracasado, en comparación con iglesias más grandes con vastos recursos y pastores de renombre. Aunque, por supuesto, en algunos contextos, ¡una iglesia de 100 parece ser un éxito rotundo! Esto es relativo. De cualquier manera, los recordatorios de la falta de «éxito» de nuestra iglesia los tenemos siempre delante de nosotros: la familia joven que se va a una iglesia programática y más grande; la conferencia de pastores que llena sus plenarias con pastores «afamados»; la denominación o la comunidad que recompensa a las iglesias «exitosas» en su reunión anual; o la editorial cristiana que solo considerará publicar libros de pastores famosos o autores con influencia.

Algunos de nosotros vemos el encanto del estatus de celebridad y del tamaño de las megaiglesias y respondemos como la iglesia en Sardis que revisamos en el capítulo anterior; es decir, nos afanamos por producir el «éxito» en nuestras propias fuerzas. Sin embargo, en este mensaje, Jesús expone una reacción opuesta, pero igual de peligrosa. Cuando equiparamos erróneamente el supuesto «éxito» en el ministerio con la bendición de Dios, nosotros los pastores «normales» y los cristianos «regulares» podemos desanimarnos por la aparente falta de éxito de nuestra iglesia. Interpretamos que nuestro supuesto fracaso en el ministerio significa que la mano de Dios no está sobre nosotros. Con facilidad nos volvemos amargados y comenzamos a murmurar. De pronto nos damos cuenta de que miramos a otras iglesias como rivales, no como compañeras en el evangelio. Si somos miembros de una iglesia, podríamos comenzar a desear tener un pastor diferente o cambiarnos a otra iglesia que tenga más para ofrecer. Si somos líderes de la iglesia, podemos llegar a sentirnos tan desanimados que nos veremos tentados a abandonar el ministerio, a abandonar nuestra iglesia o, lo que es peor, a dudar de nuestra posición ante Dios. Ese es el peligro que conlleva dudar de uno mismo; y esa es la amenaza que enfrenta la iglesia de Filadelfia en Apocalipsis 3:7-13.

El Santo, el Verdadero, el que tiene la llave

¿A dónde te vuelves cuando estás desanimado y lleno de dudas sobre tu iglesia, tu ministerio o incluso tu posición ante Dios? Solo hay un lugar que vale la pena mirar: al Cristo resucitado. Solo Él es «el Santo, el Verdadero» (v. 7). Los judíos en el Antiguo Testamento esperaban a un rey del linaje de David a quien Dios ungiría con Su Espíritu para sacar a Su pueblo del exilio y restaurar el reino de Israel. ¡Jesús es este «verdadero» Mesías de Dios! Se le ha dado «la llave de David»; solo Él tiene autoridad sobre el reino eterno de David, la nueva Jerusalén, y decide quién puede entrar. Si Jesús abre la puerta de la nueva Jerusalén a alguien, nadie más puede cerrarla. Del mismo modo, si Jesús cierra la puerta de la nueva Jerusalén a alguien, nadie más podrá abrirla.

Los judíos del siglo I en Filadelfia creían que eran el verdadero pueblo de Dios porque eran judíos; es decir, la descendencia biológica de Abraham. Ellos rechazaron a Jesús como el verdadero Mesías y dieron a entender que la puerta del reino eterno estaba cerrada en los rostros de los cristianos, porque, después de todo, ellos no podían ser el verdadero pueblo de Dios. Es muy probable que el rechazo continuo por parte de los judíos finalmente llevara a los cristianos de Filadelfia a dudar de sí mismos: ¿realmente tenían un lugar en la nueva Jerusalén celestial, o se habían equivocado terriblemente?

Una puerta abierta

Pero Jesús conoce a Su pueblo, y Él conoce sus obras. Dado que solo Jesús tiene la llave de David, Él había abierto la puerta de la nueva Jerusalén a los cristianos de Filadelfia, y los judíos no podían cerrarla (v. 8). Jesús abre o cierra la puerta del reino a cada persona basándose en su respuesta ante Él, no en su origen étnico judío. Todos los que reconocen a Jesús como el verdadero Mesías pueden entrar, ya sean judíos o gentiles, hombres o mujeres, negros o blancos, asiáticos o hispanos.

Es muy importante recordar esto cuando estamos tentados a dudar de nuestra posición ante Dios o a cuestionar el propósito de nuestro ministerio. Necesitamos fijar nuestros ojos en el Cristo resucitado y recordar que solo Él determina quién está dentro y quién está fuera, sobre la base de nuestra respuesta ante Él. Si has aceptado a Jesús como Aquel que salva a Su pueblo, Él te ha abierto la puerta del reino. Nadie puede cerrarla.

Lamentablemente, muchos cristianos profesantes tratan de cerrar la puerta del reino a otros seguidores de Cristo. Tal vez eres un cristiano nuevo y alguien te plantea que no puedes ser un cristiano verdadero a menos que experimentes una «segunda bendición» o «bautismo del Espíritu». Quizás tienes una iglesia joven y un grupo de creyentes se une a ti y comienzan a señalar que no puedes ser un cristiano verdadero a menos que tus hijos reciban una educación en casa. Estos cristianos «superiores» pueden sugerir cualquier cantidad de cosas que tú debes hacer o creer para ser es un cristiano «real»: un punto de vista específico sobre la edad de la tierra, los dones espirituales, los cinco puntos del calvinismo, los cinco puntos del arminianismo, convicciones particulares sobre el alcohol, los tatuajes y fumar, el entretenimiento en general, el sábat o el día del Señor, etc. Básicamente, lo que hacen es «cerrar» la puerta del reino a aquellos que difieren de ellos en sus creencias. ¡No los escuches! Jesús más cualquier otra cosa es igual a herejía. No podemos agregar nada a la obra que Jesús hizo a nuestro favor. Si has confiado en Cristo, Él te ha abierto la puerta del reino y nadie puede sacarte.

Si el rechazo de los judíos no era suficiente, sobre esta iglesia de Filadelfia también se plantea que «tus fuerzas son pocas». Eran pequeños, débiles y de poco vigor. Tenían poca influencia en su mundo. No obstante, Jesús declara: «… pero has obedecido mi palabra y no has renegado de mi nombre» (v. 8). A pesar de que la iglesia en Filadelfia no era la megaiglesia de Jerusalén, ni tenían pastores «célebres» como Pedro, Santiago y Juan, ellos permanecieron fieles ante la persecución. Contrario a lo que los evangélicos pueden sentirse tentados a creer hoy, más grande no siempre significa mejor o más fiel. Lo que agrada a Jesús no es el tamaño de nuestra congregación, ni las cifras en nuestro presupuesto, ni el alcance de nuestra influencia; lo que agrada a Jesús es la fidelidad. Y esta es una buena noticia para miles de iglesias que se identifican con los cristianos de Filadelfia.

Al menos en Estados Unidos, la mayoría de las iglesias se parecen más a la de Filadelfia que a la de Jerusalén. Yo pastoreé una de esas iglesias en un entorno rural, rodeado de maíz y ganado. El poblado en sí no experimentaba mucho crecimiento poblacional, por lo que no existía una afluencia de nuevos creyentes que buscaran iglesias. En una situación como esa, es fácil que el pastor y la gente se desanimen cuando no ven muchas conversiones, cuando no hay un crecimiento espectacular en las cifras, cuando el presupuesto es el mismo año tras año y cuando la iglesia tiene poca influencia en la comunidad.

Sin embargo, al mismo tiempo, había una iglesia al otro lado del pueblo que *estaba* creciendo. Tenían el mejor ministerio para niños y jóvenes; atendían las «necesidades sentidas» de las personas; utilizaban las últimas tecnologías de forma creativa en sus servicios. Pero, debido a que la población de nuestro poblado era estática, su crecimiento se produjo a expensas de muchas de las otras iglesias en el área. Cuando pierdes familias en tu iglesia por ese motivo, es fácil sentirse desanimado, abatido y descontento. Era fácil preguntarse si estábamos haciendo lo suficiente como iglesia o si yo era un fracaso como pastor. Después de todo, si simplemente predicábamos y vivíamos la Palabra, ¿no nos bendeciría Dios? Y, si Él no nos estaba bendiciendo, ¿nos estaba rechazando?

Cuando comparamos nuestra iglesia con otras iglesias «exitosas» y, si somos pastores, nos comparamos con otros pastores «famosos», es fácil desanimarse y creer la mentira de que, de alguna manera, somos deficientes y que Dios no está complacido con nosotros. Cuando esto sucede, comenzamos a eludir el ministerio activo; los pastores se van y los ancianos renuncian. O perdemos el gozo; comenzamos a amargarnos por el tiempo que pasamos en el ministerio, o nos molesta lo que otras personas hacen o dejan de hacer. Podríamos tratar de arreglar las cosas al trasladarnos a una iglesia más grande, o abandonar la iglesia por completo. Y, si alguien desiste de la iglesia, usualmente no pasa mucho tiempo antes de que abandone también a Jesús.

Pero necesitamos este mensaje a la iglesia de Filadelfia porque nos recuerda que nuestro estatus como cristianos está firme con Jesús, y que Él se complace en la fidelidad, no en el «éxito» exterior. Jesús es el que puede abrir y cerrar la puerta, por lo tanto, Él es el responsable del crecimiento de la iglesia. Nosotros somos llamados a ser fieles, solo Jesús puede hacernos fructíferos. En algunas etapas Él lo hace y en otras no lo hace; pero ambas etapas exigen confianza en Cristo.

En la actualidad, tengo el privilegio de pastorear una iglesia que es más grande que la iglesia promedio en Estados Unidos. En el personal de la iglesia contamos con varios miembros y tenemos un presupuesto en crecimiento. Sin embargo, el desafío hoy es el mismo que cuando pastoreé una iglesia de algo más de 100 personas: permanecer fiel. No obstante, debo confesar que yo tengo más facilidades que la mayoría de los pastores. Mis héroes de la fe son los pastores bivocacionales; aquellos hermanos que pastorean iglesias tan pequeñas que estas no pueden pagarles.

Estos hermanos normalmente tienen un trabajo a tiempo completo, mientras que, además, cumplen todas las responsabilidades de un pastor a tiempo completo: preparación del sermón, visitas a hospitales, cuidado pastoral, etc. Es probable que estos hermanos fieles nunca sean oradores plenarios en las conferencias de Coalición por el Evangelio o en *Together for the Gospel* [Juntos por el evangelio]; es probable que nunca experimenten un crecimiento masivo ni sean reconocidos por su denominación o su comunidad; y es probable que una editorial cristiana nunca los llame para cerrar un contrato por un libro; pero ellos son fieles. Semana tras semana, obedecen la palabra de Jesús y no lo niegan, y guían a sus iglesias a procurar la misma fidelidad.

También pienso en las mujeres que trabajan muchas horas al servicio de su iglesia, sacando tiempo después de sus empleos o de las responsabilidades hogareñas. Es probable que tampoco se les pida que encabecen una conferencia nacional de mujeres ni que firmen un contrato de libros, pero también son fieles y guardan la palabra de Jesús. Son creyentes como estos e iglesias fieles como aquellas en las que sirven que, junto con la iglesia de Filadelfia, serán reivindicados por el Cristo resucitado en el día postrero.

Un día mejor llegará

«¿Cuánto falta para que empecemos a ver algún crecimiento?». «¿Cuánto tiempo queda hasta que Dios levante a los líderes que necesitamos?». «¿Será más fácil en algún momento?». «¿Acaso no sirvo para esto?». Si te haces este tipo de preguntas, estás bien acompañado. Lo que necesitas escuchar es lo mismo que la iglesia de Filadelfia necesitaba escuchar: las promesas de Jesús que garantizan reivindicación, confirmación y seguridad en la nueva Jerusalén.

Reivindicación

Los judíos anhelaban la restauración de Israel a manos de un rey ungido del linaje de David, fundamentado en un nuevo pacto. Isaías incluso anunció que la gloria de este futuro reino atraería a todas las naciones y reyes a esta nueva Jerusalén (Isa. 60:3-4). Isaías profetizó sobre los enemigos de Israel, esos que los habían afligido: «Ante ti vendrán a inclinarse los hijos de tus opresores; todos los que te desprecian se postrarán a tus pies, y te llamarán "Ciudad del Señor", "Sión del Santo de Israel"» (v. 14). Para un pueblo agobiado y exiliado en un país extraño, este era un poderoso mensaje de esperanza.

Pero ahora, en un gran cambio, Jesús declara que, cuando los judíos se llaman a sí mismos el verdadero pueblo de Dios, están mintiendo. Ellos no son el pueblo de Dios en absoluto. ¿Por qué? Porque rechazaron al «Santo, [y] Verdadero» que tiene el poder real de abrir y cerrar la puerta al reino eterno (Apoc. 3:7). Además, por oponerse a los cristianos de Filadelfia, quienes ciertamente son el verdadero pueblo de Dios, los judíos son «la sinagoga de Satanás». Jesús reivindicará a Su pueblo verdadero, la Iglesia, al hacer que los judíos «vayan y se postren a tus pies, y reconozcan que yo te he amado» (v. 9). Al decir estas cosas, Jesús pone Isaías 60:14 de cabeza; Jesús no aplica esta promesa de reivindicación a los judíos, sino a la Iglesia. Son los judíos, y cualquiera que haya rechazado a Jesús, quienes vendrán postrados.

Además, en ese último día del juicio de Dios, todos los que acepten a Jesucristo serán reivindicados. Se nos mostrará que somos el verdadero pueblo de Dios, y Él declarará: «Yo te he amado». Por lo tanto, si hemos venido a Cristo, no tenemos ninguna razón para dudar de nuestra posición ante Dios. Nuestra aceptación ante Él no se fundamenta en el tamaño de nuestra fe ni el tamaño de nuestros ministerios; se fundamenta únicamente en la vida, la muerte y la resurrección sustitutivas de Jesús, mediante las cuales Él inauguró el nuevo pacto y estableció al verdadero pueblo de Dios. En consecuencia, no busques reivindicación en el tamaño de tu iglesia, ni en tu gran influencia, ni en el estatus que te da la gente; mira al Cristo resucitado y descansa en el estatus que Él ganó para ti.

Confirmación

A los ojos del mundo, la iglesia en Filadelfia parece débil. No parece que vayan a recibir ningún premio. Sin embargo, Jesús afirma que ellos ya tienen un galardón inmensamente mejor: una corona. Esta imagen recordaría a los cristianos de Filadelfia la condecoración que recibían los atletas victoriosos. Nosotros no necesitamos afanarnos en ganar este reconocimiento, pues Jesús lo ganó por nosotros. Cuando Dios nos mira, Él se siente complacido con nosotros. Él no ve nuestro pecado o nuestras debilidades o nuestros fracasos; Él ve la victoria de Cristo a nuestro favor.

Esta confirmación es lo único que vale en el juicio final. Jesús promete que, a todo aquel que permanece fiel y ha «… guardado mi mandato de ser constante, yo por mi parte te guardaré de la hora de tentación, que vendrá sobre el mundo entero para poner a prueba a los que viven en la tierra» (v. 10). El juicio final vendrá sobre todos «… los que viven en la tierra», todos los que rechazan a Cristo, ya sean judíos o gentiles. Para aquellos cuya ciudadanía ya está en el cielo, nuestro pecado ya ha sido juzgado en Jesús, por lo que seremos «guardados» de este juicio final. Hasta entonces, Jesús promete estar con nosotros en nuestras luchas y sufrimientos y ayudarnos a superarlos.

Lo único que tenemos que hacer es aferrarnos a Jesús. Él nos recuerda: «… Aférrate a lo que tienes (es decir, Cristo y el evangelio), para que nadie te quite la corona» (v. 11). Una vez más, Jesús nos recuerda que la fidelidad es lo que le complace: aferrarse; no el tamaño de nuestra iglesia ni su reputación, y mucho menos la fama de nuestro pastor. Entonces, mientras el mundo se ocupa en otorgar premios y reconocimientos, recuerda que Jesús vendrá pronto y traerá un galardón mejor: una corona de victoria que nadie puede quitarnos.

Seguridad eterna

Por último, y lo más reconfortante para los cristianos dudosos de Filadelfia, Jesús promete seguridad eterna en la nueva Jerusalén. Jesús promete que cada vencedor será «columna del templo de mi Dios» (v. 12). Imagina vivir en una ciudad como Filadelfia, donde los terremotos eran frecuentes. Cada vez que hay un terremoto, uno debe abandonar el hogar. Imagina regresar a la ciudad para encontrar los templos y sus columnas desmoronadas y en ruinas. En este contexto, Jesús ofrece una imagen de permanencia. En efecto, Él promete: *Si te he abierto la puerta y tú perseveras, si te mantienes firme, no solo recibirás una corona, sino que tendrás seguridad eterna. Serás una columna en el templo de mi Dios y nunca más tendrás que salir de allí. Disfrutarás de Su amor por siempre. Nunca tendrás que abandonar el lugar de la presencia de Dios.*

Además, en la presencia del Señor, Jesús promete una comunión íntima con Dios. Al grabar sobre nosotros «el nombre de mi Dios», Jesús nos recuerda que pertenecemos al Padre, que llevamos Su nombre (v. 12). Mis hijos llevan mi apellido: Sánchez. Tal vez tus hijos llevan el tuyo. No obstante, aquellos que están en Cristo llevarán el nombre de Dios; y, a aquellos que pertenecemos al Padre, se nos promete una comunión íntima con Él en Su presencia; es decir, mucho más amor y seguridad de la que encontramos incluso en la familia más unida.

También tendremos «… el nombre de la nueva Jerusalén, ciudad de [nuestro] Dios». Afirmar que tendremos el nombre de la nueva Jerusalén indica nuestra ciudadanía celestial. Es por eso que se nos contrasta con los que viven en la tierra. A todos los que pertenecen a Cristo se les promete la ciudadanía en la Jerusalén celestial. Tendremos seguridad eterna y comunión íntima y permanente con el único Dios verdadero y santo de todas las cosas. Es posible que, al igual que los cristianos en Filadelfia, tú te sientas rechazado, solo, irrelevante, desanimado e incluso dudoso en cuanto a tu salvación. Este mensaje tiene el propósito de alentarte, de disipar tus dudas y de transmitirte la permanencia y la seguridad eterna de la salvación en Cristo, una salvación que no te puede ser quitada. Esas son buenas noticias para todos los cristianos del mundo. «El que tenga oídos, que oiga lo que el Espíritu dice a las iglesias» (v. 13).

En 1850, a la edad de quince años, un Charles Spurgeon aún no convertido se dirigía a su iglesia habitual, cuando una tormenta de nieve lo obligó a buscar refugio en una pequeña iglesia Metodista Primitiva en Artillery Street en Colchester (Inglaterra). Al pastor de esta iglesia le fue imposible asistir debido a la tormenta, por lo que un predicador novato se levantó y comenzó a predicar sobre Isaías 45:22: «Mirad a mí, y sed salvos, todos los términos de la tierra...» (RVR1960). Como el predicador novato no era un hombre de gran elocuencia, repitió el texto una y otra vez, y luego se volvió hacia Spurgeon y le rogó directamente: «Joven, vuélvete a Jesucristo». Al relatar los acontecimientos de aquella tarde, Spurgeon expresó: «Allí mismo, la nube desapareció, la oscuridad se disipó y en ese momento vi el sol; y podría haberme levantado en ese instante y haber cantado con el más entusiasta de ellos sobre la Preciosa Sangre de Cristo».

Spurgeon se convertiría en uno de los predicadores más grandes de todos los tiempos, y predicó a grandes multitudes en varios escenarios. Conocido como «El Príncipe de los Predicadores», Spurgeon fue lo que ahora podríamos catalogar como un pastor célebre, y lideró la megaiglesia de su época. Doy gracias a Dios por Charles Spurgeon. Él es un modelo a seguir para nosotros hoy, no por sus evidentes «éxitos» ministeriales, sino por su fidelidad. Spurgeon también nos recuerda que no tenemos que contraponer lo fiel y lo fructífero. Él fue ambas cosas.

Sin embargo, lo que me encanta de la historia de la conversión de Spurgeon es que nos recuerda que hay iglesias fieles y «pequeñas» por todo el mundo que Dios puede usar para levantar, en el futuro, a algunos de los pastores más fructíferos de iglesias fieles. Tal vez la tuya es una de ellas. La historia de Spurgeon nos recuerda que la fidelidad y la fecundidad van de la mano, pero no siempre en la misma iglesia.

Entonces, ya sea que Dios nos conceda ser fructíferos o que simplemente nos llame a preparar el terreno para aquellos que vendrán después de nosotros, recuerda que Él no mide el éxito como nosotros; no obstante, Él sí honra la fidelidad, ahora y en la eternidad, independientemente de cómo se vean los resultados externos. Así que, mantente fiel, pues nunca sabrás con toda certeza en qué Dios podría complacerse en usarte.

7

AUTOSUFICIENCIA

«Escribe al ángel de la iglesia de Laodicea:

Esto dice el Amén, el testigo fiel y veraz, el soberano de la creación de Dios: Conozco tus obras; sé que no eres ni frío ni caliente. ¡Ojalá fueras lo uno o lo otro! Por tanto, como no eres ni frío ni caliente, sino tibio, estoy por vomitarte de mi boca. Dices: "Soy rico; me he enriquecido y no me hace falta nada"; pero no te das cuenta de que el infeliz y miserable, el pobre, ciego y desnudo eres tú. Por eso te aconsejo que de mí compres oro refinado por el fuego, para que te hagas rico; ropas blancas para que te vistas y cubras tu vergonzosa desnudez; y colirio para que te lo pongas en los ojos y recobres la vista.

Yo reprendo y disciplino a todos los que amo. Por lo tanto, sé fervoroso y arrepiéntete. Mira que estoy a la puerta y llamo. Si alguno oye mi voz y abre la puerta, entraré, y cenaré con él, y él conmigo.

Al que salga vencedor le daré el derecho de sentarse conmigo en mi trono, como también yo vencí y me senté con mi Padre en su trono. El que tenga oídos, que oiga lo que el Espíritu dice a las iglesias».

Apocalipsis 3:14-22

AUTOSUFICIENCIA

«Estados Unidos es el lugar más peligroso para criar a tus hijos».

Mi amigo había terminado de predicar en nuestra iglesia como invitado y nos desafiaba a considerar el llamado de Dios a abandonar la comodidad y llevar el evangelio a lugares difíciles y peligrosos. Después del sermón, todos queríamos ir con él. El único problema era que mi amigo iba a pastorear una iglesia recién fundada, no muy lejos del centro del Estado Islámico. Uno de nuestros miembros compartió el deseo de ir, pero aclaró que sus hijos aún eran pequeños, y mi amigo iba a uno de los lugares más peligrosos del mundo para criar una familia. Sin dudarlo, mi amigo expresó: «Estados Unidos es el lugar más peligroso para criar a tus hijos».

Para los cristianos, los lugares más peligrosos para vivir no son donde nuestra seguridad o nuestra vida pueda estar en riesgo; los lugares más peligrosos para los cristianos son aquellos donde nuestras almas corren más peligro. Además, si existe algo que estrangula nuestra fe más que cualquier otra cosa, eso es la prosperidad. La riqueza es lo que hace que la cultura occidental sea espiritualmente fatal.

El problema es que la riqueza y la prosperidad nos engañan fácilmente, de modo que llegamos a creer que no necesitamos a nadie más, ni siquiera a Dios. No necesitamos orar así: «Danos hoy nuestro pan cotidiano» porque la despensa está llena, no solo de los alimentos básicos necesarios en nuestras dietas, sino también de Coca Cola, Doritos y barras de chocolate Hershey (a menos que, por supuesto, prefieras Perrier, *chips* de vegetales y chocolate negro orgánico). Pero la prosperidad ha sido un obstáculo para el pueblo de Dios a lo largo de la historia; desde el momento en que Él advirtió a Israel sobre sus peligros (Deut. 31:19-20), hasta cuando Jesús advirtió a Sus discípulos no almacenar sus tesoros aquí en la tierra (Mat. 6:19-24), y también cuando el apóstol Pablo le recordó a

Timoteo que el amor al dinero había desviado a algunos de la fe, por lo cual se causaron muchísimos sinsabores (1 Tim. 6:10). El mensaje de Jesús a la iglesia de Laodicea nos advierte sobre esta misma amenaza: la amenaza de la autosuficiencia. Cuando tenemos la bendición de la prosperidad, como la tenemos muchos de nosotros en los países desarrollados, debemos protegernos contra el peligro de volvernos autocomplacientes en nuestra opulencia, confiar en nuestra propia riqueza y poder y volvernos ciegos a nuestra necesidad espiritual. En cambio, debemos luchar contra la autosuficiencia al mirar al Cristo resucitado y confiar plenamente en Él para obtener todo lo que podamos necesitar en esta vida.

A quién realmente necesitamos

En este último mensaje, Jesús comienza dirigiéndonos no a la visión de Apocalipsis 1, sino a una visión, aparentemente, de Isaías 65. Aquí, Dios promete juzgar a quienes lo rechazan (Isa. 65:11-12) y restaurar a Su pueblo fiel mediante la creación de «un cielo nuevo y una tierra nueva» (v. 17). Estos versículos en Isaías también hacen eco de las promesas del Padre a Abram (Gén. 12:1-3), donde se mencionan bendiciones y tierras. Del mismo modo que Dios cambió el nombre de Abram a Abraham como un símbolo de Su pacto con él (Gén. 17:1-8), aquellos que entren en la nueva creación de Dios serán los que tendrán un nuevo nombre y que se bendecirán a sí mismos por «el Dios de la verdad» (Isa. 65:15-16). El vocablo traducido como «verdad» es la palabra hebrea «amén». En otras palabras, aquellos que entran en la bendición de la nueva creación son los que entran por el Dios del Amén.

Es por eso que en Apocalipsis 3:14 Jesús es «el Amén» de Dios. Como el apóstol Pablo confirma en 2 Corintios 1:20: «Todas las promesas que ha hecho Dios son "sí" en Cristo. Así que por medio de Cristo respondemos "amén" para la gloria de Dios». Cuando Jesús declara que Él es «el Amén», les recuerda a los cristianos de Laodicea que Él es la confirmación de Dios de todas las promesas Abrahámicas de bendecir el mundo y de crear un cielo nuevo y una tierra nueva. Que el Señor haya enviado a Cristo al mundo para traer salvación confirma Su veracidad respecto a Sus promesas: *Amén, sí, lo haré*. Así que nuestra esperanza no está en la riqueza de este mundo; nuestra esperanza está en el mundo venidero que Dios ha prometido.

La segunda descripción que hace Jesús de Sí mismo refiere una idea similar: Jesús es «el testigo fiel y veraz» (Apoc. 3:14). Debido a que Jesús es el Amén de Dios, la verdad de Dios, Él es testigo de la promesa «confiable y verdadera» del Padre de que hará una nueva creación para Su pueblo (Apoc. 21:5); es como si fuera un testigo de la firma de un contrato. La afirmación de que Él es «fiel» lleva consigo connotaciones de sufrimiento. Jesús no solo confirmó las promesas del Padre; Él fielmente cumplió lo que era necesario para que esas promesas se hicieran realidad. A través de Su vida, Su sufrimiento, Su muerte y Su resurrección, Jesús logró la salvación, para que todos los que vengan a Él, el Amén de Dios, reciban la bendición de la nueva creación.

Finalmente, Jesús es el soberano de la creación. Que Jesús sea «el principio de la creación de Dios» (Apoc. 3:14, RVR1960) no significa que Él fue el primer ser creado. Jesús es la Palabra de Dios, y ya existía en «el principio» (Juan 1:1-2). Y, en Apocalipsis 21:5-6, Dios el Padre, «el que [está] sentado en el trono», es «el Alfa y la Omega, el Principio y el Fin». Jesús también es «el Alfa y la Omega, el Primero y el Último, el Principio y el Fin» (Apoc. 22:13). La palabra traducida como «principio» en el versículo 14 (RVR1960), también se traduce en la NVI como «soberano»; Jesús es la fuente, el sustentador y la meta de la creación. ¡Qué imprudente pensar que no lo necesitamos! Él provee para todas nuestras necesidades; Él sostiene el universo al hacer que el sol salga, que la lluvia caiga y que la marea tenga sus límites. Y esperamos el día en que conciba la nueva creación y lleve el pueblo de Dios a ella, así como el Padre lo ha prometido.

Este es el Cristo resucitado que evalúa la iglesia de Laodicea; y Él no va a andar con rodeos.

Me das asco

¡Me das asco! ¿¡Te imaginas a Jesús diciendo eso sobre tu iglesia, sobre ti, sobre cualquier persona!? Suena tan severo, pero eso es lo que Jesús quiere expresar cuando les dice a los cristianos de Laodicea: «... estoy por vomitarte de mi boca» (Apoc. 3:16). La razón de esta evaluación

brutal es que la prosperidad que los cristianos de Laodicea disfrutan los ha vuelto autosuficientes. Jesús los acusa: «Dices: "Soy rico; me he enriquecido y no me hace falta nada"» (v. 17). Como resultado de su prosperidad, ellos no son «ni fríos ni calientes, sino tibios» (v. 16). En otras palabras, son inútiles.

Un pequeño detalle histórico puede ayudarnos a entender mejor lo que Jesús quiere expresar aquí. Los ciudadanos de Laodicea no tenían agua potable. El suministro de agua local contenía carbonato de calcio que, cuando lo bebías, te hacía vomitar. Debido a esto, ellos dependían de las ciudades cercanas para obtener agua potable. Hierápolis tenía agua caliente por naturaleza, pero en su trayecto hasta Laodicea a través de los acueductos llegaba tibia; era inservible. Colosas tenía un suministro de agua fría, pero en su trayecto a Laodicea a través de los acueductos también llegaba tibia; era inservible. Jesús utiliza el problema de agua de Laodicea para exponer su inutilidad. Él no sugiere que ellos deben ser o «calientes por Él» o totalmente «fríos por Él». La idea que se aborda no tiene nada que ver con temperatura espiritual; tiene que ver completamente con que, al igual que su suministro de agua, los cristianos de Laodicea hicieron a Jesús sentir náuseas porque eran inservibles para Él y para Su reino.

A diferencia de los destinatarios de los otros mensajes a las iglesias, los cristianos de Laodicea no enfrentaban ninguna privación, dificultad, prueba o persecución en particular. Ellos disfrutaban una gran prosperidad y se jactaban: «Soy rico; me he enriquecido y no me hace falta nada» (Apoc. 3:17). La ciudad en sí era extremadamente rica. Era un centro bancario, por lo que no necesitaban el dinero de nadie más. En el año 60 d.C., cuando un terremoto destruyó la ciudad, los ciudadanos rechazaron la ayuda financiera de Roma. En cambio, reconstruyeron la ciudad ellos mismos y la hicieron aún mejor de lo que era antes, e incluso agregaron gimnasios y teatros. También eran conocidos por su lana negra; tenían las últimas modas, producidas con las mejores telas. Y, como si eso no fuera suficiente, contaban con la última tecnología médica: colirio y otros ungüentos para mejorar la salud. Así que los ciudadanos de Laodicea eran ricos, elegantes y saludables. Eran el paradigma de la prosperidad; y así también eran los *cristianos* de Laodicea. Jesús acusa a la iglesia de Laodicea de parecerse más a su ciudad que al reino de los cielos. No eran testigos fieles y veraces del evangelio de Cristo; ellos eran mundanos. Su riqueza los llevó a la autosuficiencia, los volvió autocomplacientes en este mundo e inútiles para Jesús y Su reino. Por lo que Jesús declara: *¡Me das asco!*

Las tentaciones de la prosperidad continúan plagando la Iglesia hoy y siguen engañándonos para hacernos caer en la autosuficiencia. Nos sentimos cada vez más cómodos en nuestra riqueza y creemos que podemos confiar en nosotros mismos para solucionar nuestros problemas. Si tenemos hambre, compraremos algo de comida. Si presentamos algún problema de salud, tenemos seguro médico. Si queremos unas vacaciones, tenemos una tarjeta de crédito. Si envejecemos, tenemos un plan de pensiones. No está necesariamente mal tener cualquiera de estas cosas; sin embargo, una actitud piadosa reconoce a diario que todo lo que tenemos proviene de las manos generosas de nuestro Creador, no de nuestro salario ganado con mucho esfuerzo.

¿Es posible que te hayas vuelto autosuficiente? Una de las mayores evidencias de esta actitud es la falta de oración. ¿Por qué necesitaríamos pedirle a Dios que nos provea cuando confiamos en nosotros mismos para hacerlo? Considera tu propia vida de oración. ¿Qué revela: dependencia de Dios o independencia? ¿Confianza en el Señor o confianza en ti mismo? Piénsalo. ¿Has considerado cambiar de trabajo sin orar antes por eso? Pastor, ¿haces que tu iglesia se involucre en muchos planes y estrategias sin antes orar lo suficiente? ¿Tiene la oración un lugar relevante en nuestras reuniones colectivas de adoración, o tiene un lugar insignificante?

Otro indicador de nuestra autosuficiencia es nuestra voluntad de vivir la vida cristiana aislada de otros creyentes. Nos mudamos a una nueva ciudad para obtener un mejor trabajo, sin siquiera considerar si hay una buena iglesia evangélica cerca. Si la iglesia no es algo que consideramos realmente necesario, entonces nos reuniremos con el pueblo de Dios solo cuando sea conveniente o cuando no tengamos nada mejor que hacer. Además, cuando nuestra vida se desmorone, que Dios nos libre de permitirle a cualquiera de nuestros hermanos en Cristo que sepan lo ocurrido para que puedan ayudarnos a llevar nuestras cargas. De estas maneras y de mil más, mostramos nuestra autosuficiencia cuando no corremos a Jesús o a las bendiciones que Él ha provisto para nuestros tiempos de necesidad.

Como iglesia, la gran variedad de recursos disponibles puede tentarnos a confiar en nuestros propios esfuerzos y en nuestra creatividad para alcanzar nuestra comunidad o para hacer crecer la iglesia. «Lo que realmente necesitamos es imprimir algunos folletos geniales… o comprar un nuevo plan de estudios… o proporcionar alimentos gratis en nuestro próximo evento…». Mientras que, para los pastores y los líderes de la iglesia, la enorme cantidad de recursos disponibles puede tentarnos a descuidar el tiempo de oración necesario para la preparación de un sermón. ¡Quién necesita pedir la ayuda del Espíritu de Dios cuando tenemos el Software Bíblico Logos! ¿Verdad?

Es por eso que debemos recordar continuamente que la mayor amenaza que enfrenta la Iglesia en la actualidad NO son las leyes que establecen los gobiernos; NO es la persecución religiosa abierta; NO son ni siquiera los falsos maestros o la mala doctrina; sino una prosperidad que nos engaña para hacernos caer en la autosuficiencia.

Por supuesto, casi ninguno de nosotros se considera rico. Pregúntale a la mayoría de las personas cuánto necesitan ganar para ser clasificados como ricos, y sus respuestas sería esencialmente: «¡Más de lo que gano yo!». Eso es porque la riqueza es relativa. Y, *en comparación con el resto del mundo*, nosotros en Occidente somos muy ricos. Somos ricos en recursos financieros, en recursos materiales y en recursos humanos; y debemos luchar continuamente contra la amenaza de la autosuficiencia. No debemos permitirnos creer el engaño de que a nuestra iglesia le va bien porque nuestros miembros ofrendan y nuestro presupuesto es excelente. Debemos rechazar el pensamiento de que tenemos el favor de Dios porque contamos con una gran cantidad de miembros, líderes y trabajadores talentosos. Debemos protegernos contra la falsa idea de que Dios nos está bendiciendo porque nuestros servicios están llenos de visitantes y nuestra membresía va en aumento. Tal prosperidad no es necesariamente una señal de la bendición del Padre.

La razón de que la prosperidad sea letal es que no nos deja ver nuestra verdadera condición espiritual. Según los cristianos de

Laodicea, ellos eran ricos y no necesitaban nada. Pero, en realidad, Jesús declara que ellos son infelices, miserables, pobres, ciegos y desnudos (Apoc. 3:17). Ellos no solo son pobres; como decimos comúnmente, ¡no tenían donde caerse muertos! En su propio criterio, ellos tienen la tecnología médica para curar enfermedades oculares y para mejorar la visión, pero Jesús declara que están ciegos. Por último, aunque se jactan de su lana y de producir las modas más recientes, en realidad están desnudos.

Como puedes ver, el problema con sentirse autosuficiente es que no somos, de hecho, suficientes. Si no hemos reconocido esto, en realidad no hemos abrazado el evangelio.

Confía en Jesús, no en ti mismo

En lugar de confiar en sus riquezas materiales, Jesús les dice a los cristianos de Laodicea: «Por eso te aconsejo que de mí compres oro refinado por el fuego, para que te hagas rico» (Apoc. 3:18). Jesús les ofrece verdadera riqueza con simplemente confiar en Él. La riqueza de Jesús no perece ni se oxida; Su riqueza no se puede robar o destruir.

Entonces, ¿cómo la obtenemos? Creo que Pablo, al seguir la enseñanza de Jesús, nos da una respuesta clara en 1 Timoteo 6:17: «A los ricos de este mundo, mándales que no sean arrogantes ni pongan su esperanza en las riquezas, que son tan inseguras, sino en Dios, que nos provee de todo en abundancia para que lo disfrutemos». La prosperidad pervierte el objeto de nuestra esperanza. En lugar de confiar en el Dios que suple todas nuestras necesidades y en vez de encontrar la alegría y la seguridad que anhelamos en nuestra relación con Él, ponemos nuestra esperanza en Sus «cosas»; es decir, las cosas que Él provee. No obstante, cuando volvemos a orientar nuestra esperanza hacia Dios, podemos ser generosos y ricos en buenas obras: «De este modo atesorarán para sí un seguro caudal para el futuro y obtendrán la vida verdadera» (1 Tim. 6:19). No confíes en la riqueza fugaz de este mundo; confía en Jesús y almacena tesoros en el cielo.

Jesús también aconseja a la iglesia de Laodicea: «... que de mí compres [...] ropas blancas para que te vistas y cubras tu vergonzosa

desnudez». Los cristianos de Laodicea pueden haber sido los más
elegantes en Asia Menor, vestidos con su lana negra, pero Jesús expone su «desnudez». Desde Adán y Eva, la desnudez en la Escritura ha estado asociada con la vergüenza. Las prendas blancas en
Apocalipsis apuntan a la rectitud. Así que Jesús asevera: *Confía en
mí para ser tu justicia*. En nuestra propia fuerza y poder, nosotros
no podemos producir la vida justa que Dios exige para entrar en la
nueva creación. Pero, a través de la fe en Cristo, estamos vestidos con
Su justicia y recibimos la promesa de la justificación, por lo que se
nos declara aceptos ante el Dios santo. Sin embargo, debemos seguir
confiando en Cristo para crecer en la justicia que da evidencia de que
estamos verdaderamente justificados. La justicia que Dios requiere
no es el fundamento de nuestra salvación, sino la evidencia de que
hemos sido salvados. Y esta justicia es algo que va en aumento a medida que confiamos en Cristo.

Finalmente, Jesús aconseja a los cristianos de Laodicea:
«… que de mí compres […] colirio para que te lo pongas en los
ojos y recobres la vista». A pesar de que cuentan con los últimos
adelantos médicos para sanar sus ojos, la iglesia de Laodicea está
tan cegada por su prosperidad que no puede ver que necesita de
Cristo. Solo Jesús puede abrir ojos ciegos para que vean la verdad
espiritual. Si tan solo confían en Él, Jesús les promete abrir sus
ojos espirituales.

Al evaluar nuestros propios corazones, debemos preguntar: ¿en
qué o en quién confiamos? ¿Confiamos en Jesús o confiamos en nosotros mismos? ¿Ponemos nuestra esperanza en Jesús o confiamos en lo
que Jesús nos da? ¿Estamos tan engañados que también nos encontramos espiritualmente pobres, ciegos y desnudos? Tómate un momento
para evaluar tu corazón ahora mismo:

- ¿Qué consume tus pensamientos diarios? ¿Sueñas despierto
  con pasar una eternidad con Jesús o con extender tu vida en la
  tierra el mayor tiempo posible con membresías en gimnasios y
  alimentos orgánicos? ¿Piensas más en conseguir una segunda
  casa para vacacionar o en entrar a la casa de Dios por toda la
  eternidad?

- ¿Qué domina tu presupuesto financiero? ¿Buscas ser generoso con las bendiciones que Dios te ha dado, incluso si ello implica un sacrificio personal, o das apenas lo que te sobra, si te «sobra» algo? ¿Estás viviendo según tus posibilidades financieras para tener la libertad de ser generoso o estás excediéndote en tus finanzas solo por mantenerte a la par de tus vecinos?

- ¿Qué tal cuando las cosas no van tan bien? ¿Encuentras consuelo en un frasco de helado o en una botella de vodka, o corres a Cristo, que proporciona lo que necesitamos? ¿Acaso acudes a la terapia de ir de compras para sentirte mejor y tratas de solucionar tus problemas gastando dinero en ellos, o te vuelves a Cristo, que ofrece darte el agua de vida gratuitamente?

- ¿Qué hay de tu iglesia? ¿Es solo un club social donde a las personas se les hace sentir cómodas con su riqueza? ¿Es un lugar donde la gente se reúne para tomar un café y charlar sobre su auto nuevo y las escuelas de sus hijos? ¿O expone tu iglesia los ídolos del materialismo y las posesiones? ¿Exhorta a vivir una vida impregnada del evangelio y de todas sus demandas?

Jesús nos hace un llamado, como individuos y como iglesias, a que compremos de Él riqueza espiritual, ropa y colirio para los ojos. Entonces, ¿cómo le «compramos» cosas espirituales a Jesús?

Encontramos la respuesta a esta pregunta en Apocalipsis 22:17, donde Jesús invita a todo el que escucha esta profecía y tiene sed a que «venga; y el que quiera, tome gratuitamente del agua de la vida». Este lenguaje proviene de Isaías 55. Allí, Dios pregunta: «¿Por qué gastan dinero en lo que no es pan, y su salario en lo que no satisface? Escúchenme bien, y comerán lo que es bueno, y se deleitarán con manjares deliciosos. Presten atención y vengan a mí, escúchenme y vivirán» (Isa. 55:2-3). La exhortación «¡Vengan a comprar y a comer los que no tengan dinero […] sin pago alguno!» simplemente significa confiar en Dios, acudir a Él (Isa. 55:1). Y esto es precisamente lo que Jesús está diciendo a los cristianos autosuficientes de Laodicea. Esto es exactamente lo que Jesús nos está diciendo a todos los cristianos autosuficientes, que vayamos a Él y que confiemos en Él por fe.

Vive fervorosamente

Lo opuesto a la autocomplacencia autosuficiente es un fervor dependiente de Dios. Puesto que los cristianos de Laodicea se volvieron autosuficientes y autocomplacientes en su prosperidad, Jesús les ordena: «... sé fervoroso y arrepiéntete» (Apoc. 3:19). Esto significa volver a orientar su pensamiento y dejar atrás su autosuficiencia. Para hacer eso, necesitarán cambiar el modo de ver la riqueza, y lo mismo aplica para nosotros. Una de las claves para superar la seducción del materialismo es la generosidad. Necesitamos orientar nuevamente nuestro pensamiento para entender que el Soberano de la creación provee todo lo que necesitamos. Y todo lo que Él provee más allá de nuestras necesidades está destinado a ser invertido en el trabajo del reino celestial. A medida que hacemos eso, comenzamos a darnos cuenta de que tal vez «necesitamos» mucho menos de lo que pensábamos. Comenzamos a emocionarnos por ser el medio que Dios usa para proveer a otros. ¿Te imaginas una iglesia fervorosa en generosidad? ¿Cómo se vería? Pienso que se parecería a la iglesia de Macedonia, que suplicó «con insistencia que les concediéramos el privilegio de tomar parte en esta ayuda para los santos» (2 Cor. 8:4). Si quieres saber en qué confías verdaderamente, mira tu cuenta bancaria.

Los cristianos de Laodicea también deben cambiar la forma en que piensan sobre la moda para poder vestirse espiritualmente. Yo tengo cinco hijas, y nunca he disfrutado salir a comprar ropa; pero, como disfruto estar con mis niñas (y dar mi opinión sobre lo que visten), yo voy. Durante los muchos años de entrar y salir a innumerables tiendas de ropa y sentarme fuera de los probadores, hay algo que me ha quedado claro: el consumismo ha consumido nuestra cultura. Gastamos (desperdiciamos) tanto dinero en moda (si se le puede llamar así) y llenamos nuestros armarios hasta que estén abarrotados. Yo mismo tengo tanta ropa, que he regalado camisas que compré por capricho y que nunca usé. Pero, en lugar de ser fervorosos por la moda terrenal, Jesús nos llama a ser fervorosos por las vestiduras celestiales de justicia. En lugar de estar ocupados disfrutando nuestra riqueza, debemos estar ocupados en ser como Jesús. ¿Qué pasaría si nosotros y nuestras iglesias fuéramos fervorosos para vestirnos de justicia? ¿Qué pasaría si nos consumiéramos en obedecer la palabra de Dios y los mandamientos de Jesús? ¿Qué pasaría si fuéramos fervorosos para animarnos unos a otros a amar y a hacer buenas obras hasta que Cristo regrese o hasta que no respiremos más?

Pero, ¿por qué nos resulta tan difícil hacer eso? ¿Por qué es tan difícil ver nuestra autosuficiencia, nuestro consumismo, nuestra auto-complacencia? Ah, sí, casi lo olvido, es porque estamos ciegos. Así que, tenemos que cambiar la forma en que pensamos sobre la vista para poder recibir visión espiritual y ver nuestras necesidades reales. La buena noticia es que, si verdaderamente pertenecemos a Cristo, Su amor por nosotros es tan inmenso que Él no nos abandonará. Si continuamos escuchando el consejo del mundo en lugar del consejo del Rey resucitado, Él «reprenderá y disciplinará» a aquellos que ama para traerlos de vuelta a Sí mismo. Esta es la bondad de nuestro Señor, aunque inicialmente Su disciplina parece penosa (Heb. 12:11). Así que, arrepiéntete tan pronto como Jesús exponga tu desnudez de alguna manera. Arrepiéntete de tu autosuficiencia y ven y confía solamente en Jesús.

Una experiencia que el dinero no puede comprar

La ternura de Jesús hacia los pecadores me hace sentir continuamente humillado y condenado. Aunque la iglesia de Laodicea recibe Su reprensión más severa, también recibe la más grandiosa promesa: comunión íntima en la mesa del Rey. Jesús afirma: «Mira que estoy a la puerta y llamo. Si alguno oye mi voz y abre la puerta, entraré, y cenaré con él, y él conmigo» (Apoc. 3:20). En este momento, Jesús está afuera; es una escena trágica. Debido a su autosuficiencia, ellos prácticamente han cerrado las puertas con seguro y han dejado a Jesús fuera de la iglesia. Este versículo no hace un llamado evangelístico. Aquí Jesús está diciendo: *Aunque me das asco, te amo y no te abandonaré. Así que, estoy afuera tocando a tu puerta.* Si los cristianos de Laodicea reconocen su autosuficiencia y se arrepienten, abrirán la puerta y dejarán entrar a Jesús. A los que vienen a Jesús y confían solo en Él para obtener verdadera riqueza, justicia y vida, Jesús les ofrece un lugar en Su mesa. Esta es la promesa más grandiosa de todas: vivir en la casa del Señor para siempre en Su presencia. Sentarse en la mesa con el Rey Jesús… eso realmente es una experiencia que el dinero no puede comprar.

Sin embargo, Jesús, el Soberano de la creación de Dios (Apoc. 3:14), también nos ofrece un tipo de asiento diferente: «Al que salga vencedor le daré el derecho de sentarse conmigo en mi trono, como también yo vencí y me senté con mi Padre en su trono» (v. 21). Cuando estuvo en la tierra, Jesús fue «un testigo fiel y veraz», incluso hasta la muerte. Él recorrió el camino marcado de sufrimiento para salvarnos; pero el Padre reivindicó a Jesús al resucitarlo de entre los muertos al tercer día y lo exaltó a Su diestra. Y, al seguir a Jesús, aunque Él nos lleve por el camino marcado de sufrimiento, comenzamos a darnos cuenta de que estos caminos dolorosos son los caminos que nos conducen a nuestra resurrección y gloria. Por fe, estamos unidos a Jesús en Su vida, Su muerte, Su resurrección y Su exaltación. Hemos sido adoptados como hijos reales, y, ese último día, en lugar de ser juzgados, seremos reivindicados ante nuestros enemigos, y también participaremos en el juicio de nuestro Rey (Apoc. 2:26-27; 20:4).

Hazlo Tú, Jesús

Tengo la alegría de ser abuelo de una vivaz y sociable niña de tres años. Ella está en una edad en la que tiene absoluta confianza en su capacidad de hacer todo por sí misma. Ella es independiente y autosuficiente. Una noche, mientras la acompañaba a ella y a sus padres hasta su automóvil, abrí la puerta del auto y comencé a levantarla hasta su asiento, pero ella me regañó y me dijo: «¡Yo lo hago! ¡Yo lo hago!». Dichas por una niña pequeña, sus palabras sonaron graciosas y divertidas. Pero muy rápidamente me acordé de las raíces satánicas de «Yo lo hago». Era la misma mentira que Satanás hizo creer a Adán y a Eva: *Dios no permitirá que ustedes lo hagan por sí mismos. ¡Háganlo USTEDES! ¡Háganlo USTEDES!* Y la mentira no ha cambiado. Verás, si Satanás nos lleva a creer que podemos hacerlo todo por nosotros mismos, entonces nos ha engañado para que creamos que no necesitamos a Cristo.

Pero Jesús es el testigo fiel y veraz, que no solo nos muestra la verdad sobre nuestro Padre en el cielo, sino que también nos indica la verdad sobre nuestra condición espiritual. A Él no podemos ocultarle quienes somos. Él, de manera veraz, expone nuestro autoengaño y nos muestra nuestro pecado y nuestra vergüenza hasta que nos vemos obligados a admitir: «Yo no puedo lidiar con esto solo. Hazlo Tú, Jesús».

Es al hacer esto que quedamos libres para disfrutar con gratitud todas las cosas buenas con las que Dios nos bendice. Pero ya no nos consumirán, porque no nos aferraremos más a ellas. En cambio, pondremos nuestra esperanza en los tesoros del cielo y viviremos fervorosamente por el reino celestial de Cristo.

CONCLUSIÓN

Nuestro «vivir felices por siempre»

A veces existe una idea equivocada de que, cuando te conviertes en cristiano, Jesús quita todos tus problemas y todos viven felices por siempre. Ahora que has leído sobre las amenazas que enfrenta tu iglesia, espero que esa idea se haya disipado. Pero, incluso antes de leer este libro, estoy seguro de que, si ya habías abrazado a Cristo esperando un final brillante de cuento de hadas, entonces ya te habías desilusionado. El príncipe azul todavía no ha llegado; la vil madrastra aún gobierna; las hermanastras engreídas todavía te persiguen; y aún estás limpiando pisos.

No obstante, el deseo de «vivir felices por siempre» es algo intrínseco en nosotros; todavía lo anhelamos. El problema es que esperamos que nuestro «vivir felices por siempre» provenga de las personas equivocadas, de los lugares equivocados, en el momento equivocado. La historia bíblica trata de un Príncipe justo y fiel que se convierte en Rey y rescata a una novia sucia y adúltera, a fin de embellecerla para el día de su boda. Pero el dragón, el archienemigo del Rey, procura destruir al Rey antes de que este pueda rescatar a Su novia. Sin embargo, el Rey mata al dragón y, luego de ascender a Su trono, comienza a preparar a Su novia para la fiesta de bodas. Mientras tanto, después de fracasar en su intento de destruir al Rey, el dragón ahora procura destruir a la novia del Rey. Él utiliza todas las armas a su disposición: el gobierno tiránico (descrito en Apocalipsis como «la bestia»), la religión corrupta («el falso profeta»), la humanidad pecaminosa («los que viven en la tierra») y la cultura inmoral («la gran prostituta»).

El lenguaje de Apocalipsis nos recuerda un cuento de hadas, excepto que sabemos que este es verdadero. Jesús es el Rey, que ahora ha resucitado y reina. Satanás es el dragón, ahora derrotado y desesperado. Y nosotros, la Iglesia, somos la novia del Rey y somos atacados. Mediante su guerra brutal e implacable contra nosotros, Satanás hace de esta vida un infierno para la Iglesia. Mientras Satanás ande por la tierra cual león que busca devorar a su presa, la Iglesia enfrentará muchas amenazas. A Satanás no le importa si priorizamos la verdad en detrimento del amor o si priorizamos el amor en detrimento de la verdad; ambos extremos socavan el evangelio. Él utiliza el miedo a la muerte como un arma contra nosotros, y no le importa si este da como resultado la negación de Cristo o la transigencia doctrinal; ambos logran el mismo fin. A él no le interesa si tenemos un concepto muy alto o muy bajo de nosotros mismos; ambos son igualmente perjudiciales para la misión de la Iglesia.

Frente a todas estas amenazas, Apocalipsis se atreve a plantear la pregunta que está en los labios de todo cristiano decepcionado: «¿Hasta cuándo, Soberano Señor, santo y veraz, seguirás sin juzgar a los habitantes de la tierra y sin vengar nuestra muerte?» (Apoc. 6:10). *¿Cuánto tiempo durará esto?* Afortunadamente, a medida que el libro de Apocalipsis se desarrolla, este también se atreve a dar una respuesta a nuestra apremiante interrogante. A pesar de que los cristianos fieles puedan no estar de acuerdo en cuanto a los tiempos precisos de los acontecimientos en Apocalipsis 4–22, todos podemos coincidir en que Jesús, el Rey resucitado y reinante, volverá a reivindicarnos y a llevarnos a Dios. La trama se desarrollará de la siguiente forma:

- A Su regreso, el Rey derrotará de una vez por todas la rebelión de la humanidad pecaminosa en la batalla final (16:12-16; 17:11-14; 19:11-21; 20:7-9), y reunirá a las naciones para el juicio final (20:11-13). A todos los vencedores se les promete un lugar en el gobierno del Rey que regresa y participarán en el juicio final (2:26-28; 3:21; 20:4).

- El Rey que regresa hará que los reyes de la tierra se vuelvan en contra de la ciudad inmoral, la «gran prostituta», y destruirán la ciudad (17:1-18). Todo el cielo se regocijará (19:1-5), y todos los vencedores recibirán vestiduras blancas (3:5; 19:8) y tomarán parte en la cena de las bodas del Cordero (19:6-10).

- El Rey que regresa aplastará a todos Sus enemigos bajo Sus pies y arrojará a Satanás, a la bestia (gobierno/gobernantes tiránicos) y al falso profeta (religión/ sacerdotes falsos) al infierno donde serán atormentados por toda la eternidad (Apoc. 20:10). El último enemigo en ser destruido es la muerte, ya que también será arrojada al lago de fuego (infierno), que es la segunda muerte (20:14). Sin embargo, a todos los vencedores se les promete que no sufrirán daño alguno de la segunda muerte (2:11). En cambio, se les dará derecho a comer del árbol de la vida que está en el paraíso de Dios (v. 7) y a habitar en la presencia del Padre y del Cordero como sacerdotes en la presencia de Dios (1:6; 5:10; 20:6).

A medida que nosotros vivimos nuestra parte en la trama de Dios, Apocalipsis no elude la realidad de que para el cristiano esta vida es dura y está llena de sufrimiento. Y no se ruboriza ante la posibilidad de que, frente a las amenazas que nos rodean, nos veamos tentados a renunciar y a ceder; a negar a Cristo o a transigir de alguna manera en cuanto a nuestra fe. Pero Apocalipsis no nos deja en la desesperación; sino que, nos invita a ver este mundo desde la perspectiva de Dios, desde Su trono en el cielo, y nos muestra la esperanza futura que aguarda a todos los vencedores. Todos los que perseveren hasta el fin, al continuar viviendo con fe en Cristo, heredarán una eternidad con Dios como Sus hijos reales, y servirán como sacerdotes en Su presencia por siempre. Por ahora, la forma de vencer las amenazas que enfrenta la Iglesia es mirar a Cristo y anhelar esta herencia futura.

Pero es difícil anhelar un futuro que no podemos imaginar. Es por eso que Apocalipsis concluye mostrándonos nuestra herencia eterna mediante tres imágenes, que tienen como propósito cautivar nuestra imaginación y grabar la eternidad en nuestra memoria.

Un bello jardín

Todos los veranos, mi familia y yo vamos de vacaciones a una playa en la costa este de la Florida. Disfruto levantarme justo antes del amanecer, ponerme mi ropa de hacer ejercicios y caminar por la playa mientras el sol se eleva sobre el océano. Sin embargo, por glorioso que esto sea, me doy cuenta de que no es más que una muestra de lo que Dios tiene reservado:

«Después vi un cielo nuevo y una tierra nueva, porque el primer cielo y la primera tierra habían dejado de existir, lo mismo que el mar» (Apoc. 21:1).

El cielo nuevo y la tierra nueva serán una creación renovada y restaurada (ver también Isaías 66:17-24). En Apocalipsis, «primer» indica la era y el orden actual. Por lo tanto, este «primer cielo y la primera tierra» dejarán de existir. Dado que «el mar» representa el caos, el mal y la muerte, estos también llegarán a su fin cuando el primer cielo y la primera tierra dejen de existir, porque lo mismo le sucederá al mar.

La descripción de este cielo nuevo y tierra nueva en Apocalipsis 22 tiene como propósito llevar nuestras mentes de regreso a la descripción del jardín del Edén en Génesis 1 y 2. Este nuevo Edén será todo lo que se suponía que el primero fuera, y más. El río de agua de vida (vida eterna) saldrá del trono de Dios (Apoc. 22:1-2); el árbol de la vida estará disponible para todos, incluso para los gentiles (v. 2); y la maldición del primer Edén finalmente será anulada (v. 3). Dios estará allí, y todos los vencedores tendrán una comunión íntima con Él bajo Su dominio, protección y cuidado. Sus siervos (nosotros) «lo verán cara a cara, y llevarán su nombre en la frente» (v. 4; 2:17; 3:12).

Cuando vemos la belleza y la gloria de este mundo presente (la bruma en las montañas, las alas de una mariposa o la risa de nuestros seres queridos) deberíamos anhelar la belleza y la gloria inimaginables del Edén restaurado y renovado. Igualmente, cuando vemos la fealdad y la corrupción de este mundo presente, deberíamos anhelar el Edén restaurado y renovado, donde ya no habrá más pecado, ni muerte, ni enfermedad, ni caos, ni maldad. Cuando vemos muerte a nuestro alrededor, deberíamos anhelar estar en el paraíso de Dios, donde podremos comer libremente del árbol de la vida. Y, cuando nos sintamos abandonados, desamparados y desprotegidos en este mundo presente, deberíamos anhelar el Edén renovado y restaurado, donde moraremos con Dios en Su presencia, bajo Su cuidado y protección amorosos.

Una gran ciudad

Amo las ciudades. Me encanta la diversidad que brindan; diversidad de comida, música, gente, arquitectura. Nunca sabes lo que vas a encontrar. Una fría víspera de Año Nuevo, cuando mi esposa y yo estábamos celebrando nuestra luna de miel en la ciudad de Nueva York, nos encontramos con un grupo de personas que hacían fila en la Catedral de San Juan el Divino. No sabíamos por qué esperaban, pero de todos modos nos pusimos en la fila. Una vez dentro, nos sentamos y rápidamente nos dimos cuenta de que nos encontrábamos en el Concierto por la Paz, el primer servicio conmemorativo público al compositor Leonard Bernstein. Como mi esposa y yo somos músicos, podrás imaginarte cuánto gozo sentimos al escuchar su música en vivo. Me encanta que en una ciudad grande uno puede comer a cualquier hora del día o de la noche; que es posible disfrutar del jazz o de la música clásica en espacios interiores o al aire libre; o que se puede disfrutar de una obra de teatro dentro o fuera de Broadway. La descripción de Apocalipsis de la «nueva Jerusalén» pretende hacernos sentir algo de esta emoción y alegría.

Justo cuando la primera tierra deja de existir, la ciudad corrupta, también conocida como «la gran Babilonia» y «la gran prostituta» (Apoc. 17), da paso a «…la ciudad santa, la nueva Jerusalén…» (21:2), que estará ubicada en el monte santo de Dios (vv. 9-21). Será poblada tanto por judíos como por gentiles, como se ve en las doce puertas que representan a las tribus de Israel y los doce cimientos que representan a los apóstoles de la Iglesia (vv. 12-14). Y Dios estará allí en toda Su gloria y Su resplandor (v. 11).

No obstante, desde ahora, todos los que abrazan a Cristo por la fe son ciudadanos de esta ciudad celestial (Gál. 4:21-31). Y se nos recuerda que esta ciudadanía es diversa, con gente proveniente «…de toda raza, lengua, pueblo y nación» (Apoc. 5:9; 7:9). La emoción y el gozo de ser parte de esta ciudad comienzan ahora, con nuestras iglesias. Pero eso también crea una tensión. Puesto que nuestra ciudadanía está en el cielo, somos «… extranjeros y peregrinos en este mundo…» (1 Ped. 2:11). Somos llamados a ser una nación santa, distinta de este mundo por nuestro comportamiento, y a exhortar a todas las personas en todas partes a que se arrepientan y acepten al Rey Jesús por la fe (v. 9).

El templo de Dios

Finalmente, nuestra herencia eterna se representa como el templo de Dios restaurado y renovado. En el cielo nuevo y la tierra nueva, la promesa del Padre de habitar con Su pueblo se materializará en toda su plenitud (Apoc. 21:3). Dios habitó con Su pueblo, Adán y Eva, en el primer Edén; Él habitó con Su pueblo, Israel, en el lugar santísimo en el tabernáculo y en el templo; y también habita con Su pueblo del nuevo pacto en Jesús, el verdadero templo (Juan 1:14). Además, cuando Jesús ascendió a la diestra del Padre, nos dio Su Espíritu como anticipo de la promesa de que Dios habitaría con nosotros (Ef. 1:13-14). En el cielo nuevo y la tierra nueva, moraremos en la presencia del Padre, pues, al igual que el lugar santísimo en el templo, la ciudad es cuadrada y está hecha de piedras y metales preciosos (Apoc. 21:15-21). Aunque, por supuesto, no es justo señalar que esta ciudad es «igual» al templo del Antiguo Testamento. Es al revés: el templo terrenal fue, desde el principio, una mera imitación del templo eterno.

Sin embargo, en la nueva creación no hay necesidad de un templo como tal, «… porque el Señor Dios Todopoderoso y el Cordero son su templo», y ellos iluminan la ciudad con Su gloria (vv. 22,23). Todos los vencedores, tanto judíos como gentiles, reyes y campesinos, hijos e hijas, entrarán en la ciudad y habitarán con Dios, pero: «Nunca entrará en ella nada impuro, ni los idólatras ni los farsantes, sino sólo aquellos que tienen su nombre escrito en el libro de la vida, el libro del Cordero» (v. 27).

Hasta que Cristo regrese, nosotros, que hemos recibido Su Espíritu, somos ahora el templo de Dios: la Iglesia. Esa es *tu* iglesia (1 Ped. 2:4-8). Este «templo» se está edificando sobre el cimiento del evangelio dado a los apóstoles y a los profetas del Nuevo Testamento (Ef. 2:19-22). La

Iglesia también es un sacerdocio, con acceso especial a la presencia de Dios, que le sirve y le ofrece nuestras vidas como sacrificios vivos y espirituales delante de Él (1 Ped. 2:5; Rom. 12:1).

Pero todo esto es solo el prólogo. Tener el Espíritu como anticipo debería hacernos anhelar el día en que moraremos con Dios y Él con nosotros en una comunión libre y directa. Porque es en la presencia del Señor que recibiremos todas las promesas que Él nos ha hecho en Cristo Jesús.

Vivir felices por siempre se acerca

Iglesia, esta vida no es nuestro «vivir felices por siempre». Por ahora, la Iglesia continúa bajo ataque satánico. Por ahora, la Iglesia enfrenta el sufrimiento, la persecución y la muerte. Por ahora, la Iglesia tiene dificultades con las distracciones, las divisiones y los desengaños.

Tu iglesia enfrenta amenazas, pero no pierdas la esperanza, pues todos los que perseveren con fidelidad hasta el fin volverán al Edén restaurado. Viviremos en la muy gloriosa y santa nueva Jerusalén. Y, lo más importante, viviremos en la presencia de Dios, donde ya no habrá más dolor ni más pena, no habrá más cáncer, no más defectos congénitos, no más matrimonios destrozados, no más rivalidades entre hermanos, no más hostilidades externas, no más gobiernos tiránicos, no más maldad, no más muerte. «El que salga vencedor heredará todo esto, y yo seré su Dios y él será mi hijo» (Apoc. 21:7).

Tu iglesia enfrenta amenazas, pero no intentes ignorarlas; más bien, que ellas te hagan anhelar el regreso de Cristo. Todo el pecado y el mal que ahora experimentamos nos recuerdan que este mundo está corrompido y necesita renovación. Todas las amenazas que ahora enfrentamos como Iglesia nos estimulan a anhelar el regreso de Cristo, cuando Él nos reivindicará y nos llevará a nuestro hogar eterno.

Tu iglesia enfrenta amenazas, pero no las ignores. Más bien, que te despierten de tu letargo espiritual y te animen a alcanzar un mayor celo por Cristo y por la misión que Él le ha dado a Su Iglesia. Durante mucho tiempo hemos estado dormidos; el momento de despertar es ahora.

Tu iglesia enfrenta amenazas, pero que el miedo no te paralice. ¡Haz algo al respecto! Determina cuáles son las dos principales amenazas para tu iglesia y luego considera en oración lo que debe cambiar. Una cosa es ver las trampas; pero ahora tenemos que dar un paso de fe y confiar en la guía para circunnavegarlas.

Tu iglesia enfrenta amenazas, pero no te sorprendas. Jesús nos ha dado las palabras de Apocalipsis «… para mostrar a sus siervos lo que tiene que suceder sin demora», a fin de que las dificultades venideras no nos tomen por sorpresa (22:6). Podemos confiar en estas promesas porque las palabras de Jesús son verdaderas y dignas de confianza (21:5). Además, como el Alfa y la Omega, el Principio y el Fin, Él inicia la historia y la concluye (21:6). Jesús es el Rey de Dios, soberano sobre toda la historia, y cumplirá plenamente Su santa voluntad.

En esta vida, no se nos promete un «vivir felices por siempre», pero puedes estar seguro de que nuestro «vivir felices por siempre» se acerca. Nuestro Rey ya mató al dragón. Él regresará por Su novia perfeccionada y nos llevará a casa.

¿Cuándo? ¡Él vendrá pronto! Así que, prepárate y ora: «¡Ven, Señor Jesús!» (22:20).

Hasta ese día, «Que la gracia del Señor Jesús sea con todos. Amén» (v. 21).

LECTURAS ADICIONALES

Capítulo 1

- La cita en la página 31 es de Paul Tripp, *¿Qué estabas esperando? Redimiendo las realidades del matrimonio* (Crossway, 2010), 188.

Capítulo 2

Para mayor información sobre el contexto en Esmirna, ver:
- Grant Osborne, «Apocalipsis» en *The Baker Exegetical Commentary on the New Testament* [Comentario exegético del Nuevo Testamento] (Baker, 2004), 128.
- G. K. Beale, *The Book of Revelation: A Commentary on the Greek Text* [El libro de Apocalipsis: Un comentario basado en el texto griego] (Eerdmans, 1999), 30-31.

Para mayor información sobre la situación actual de Irak, visita:
- Moni Basu, "In biblical lands of Iraq, Christianity in peril after ISIS" [En las tierras bíblicas de Irak, el cristianismo peligras tras ISIS], CNN.com, en línea: http://www.cnn.com/2016/11/20/middleeast/iraq-christianity-peril/index.html (consultado el 12 de julio del 2017).

Para leer la historia completa de Helen Roseveare, visita:
- Justin Taylor, "A Woman of Whom the World Was Not Worthy: Helen Roseveare (1925-2016)" [Una mujer de la que el mundo no fue digno: Helen Roseveare], en línea: https://www.thegospelcoalition.org/blogs/

justin-taylor/a-woman-of-whom-the-world-was-not-worthy-helen-roseveare-1925-2016/ (consultado el 13 de julio del 2018).

La historia de Policarpo se encuentra en:

- M. W. Holmes, The Apostolic Fathers: Greek texts and English translations, Updated ed. [Los padres apostólicos: textos en griego y traducciones en inglés] (Baker Books, 1999), 235.

Capítulo 3

La información de los hechos noticiosos mencionados al comienzo de este capítulo proviene de las siguientes fuentes (disponibles solo en inglés):

- Sarah Kramer, "ABC Citing 'Hate Group' Label as Fact is Not Only False, But Irresponsible," Alliance Defending Freedom, 14 de julio del 2017, en línea: https://www.adflegal.org/detailspages/blog-details/allianceedge/2017/07/15/video-abc-citing-hate-group-label-as-fact-is-not-only-false-but-irresponsible (consultado el 13 de julio del 2018).
- "Tim Farron's resignation raises questions about the line between public policy and private belief," The Economist, 16 de junio del 2017, en línea: https://www.economist.com/blogs/erasmus/2017/06/liberals-logic-and-sin (consultado el 14 de julio del 2017).
- "US Supreme Court to decide Colorado gay wedding cake case: A timeline of events," Fox News, 26 de junio del 2017, en línea: http://www.foxnews.com/us/2018/06/04/supreme-court-decides-colorado-gay-wedding-cake-case-timeline-events.html (consultado el 14 de julio del 2017).
- Daniel S. Levine, "Jack Phillips: 5 Fast Facts You Need to Know," Heavy.com, 29 de junio del 2017, en línea: https://heavy.com/news/2017/06/jack-phillips-supreme-court-colorado-masterpiece-cakeshop-baker-religion/ (consultado el 14 de julio del 2017).

- Kelley Moody, "Local teacher says religion may have cost him his job," KESQ.com, 29 de agosto del 2016, en línea: http://www.kesq.com/home/local-teacher-says-religion-mayhave-cost-him-his-job/63268489 (consultado el 17 de septiembre del 2017).

Para una breve explicación sobre el contexto en Pérgamo, ver:
- Grant R. Osborne, «Apocalipsis» en *The Baker Exegetical Commentary on the New Testament* [Comentario Exegético del Nuevo Testamento] (Baker, 2002), 138-40.

Capítulo 4

Para una explicación más amplia de la situación en Tiatira, ver:
- Grant R. Osborne, «Apocalipsis» en *The Baker Exegetical Commentary on the New Testament* [Comentario Exegético del Nuevo Testamento] (Baker, 2002), 153.
- B. D. Bratka, «Apolo» en *The Lexham Bible Dictionary* [Diccionario Bíblico Lexham], J. D. Barry, D. Bomar, D. R. Brown, R. Klippenstein, D. Mangum, C. Sinclair Wolcott, ... W. Widder (Eds.), (Lexham Press, 2016).
- Gary M. Burge, «Tiatira», en Dictionary of the Bible [Diccionario de la Biblia], de D. N. Freedman, A. C. Myers, y A. B. Beck (Eds.), Eerdmans (W.B. Eerdmans, 2000), 1308.
- B. J. Beitzel, «Tiatira», en *The Baker Encyclopedia of the Bible*, Vol. 2 [Enciclopedia Bíblica Baker], de W. A. Elwell, ed., (Baker Book House, 1988), 2059.

Capítulo 5

Puedes encontrar una explicación del uso simbólico de los números en Apocalipsis, en:
- Grant Osborne, «Apocalipsis» en *The Baker Exegetical Commentary on the New Testament* [Comentario Exegético del Nuevo Testamento] (Baker, 2004), 701.

- Sam Storms, *Kingdom Come: The Amillennial Alternative* [Venga tu Reino: La alternativa amilenial] (Mentor, 2013), 456.

Don Carson, en relación a perder el evangelio en una generación (disponible solo en inglés):

- Justin Taylor, "It Only Takes One Generation for the Church To Die", Coalición para el Evangelio, en línea: https://blogs.thegospelcoalition.org/justintaylor/2011/07/24/it-only-takes-one-generation-for-a-church-to-die/ (consultado el 22 de julio del 2017).

Capítulo 6

La información sobre el contexto de Filadelfia se encuentra en:

- Grant Osborne, «Apocalipsis» en *The Baker Exegetical Commentary on the New Testament* [Comentario Exegético del Nuevo Testamento] (Baker, 2004), 189-90.

Para conocer estadísticas sobre el crecimiento de la iglesia en EE. UU., visita:

- Hartford Institute for Religion Research, "Fast Facts about American Religion," en línea: http://hirr.hartsem.edu/research/fastfacts/fast_facts.html#numcong (consultado el 1 de agosto del 2017). El Hartford Institute de Estados Unidos calcula que hay cerca de 314.000 «Iglesias protestantes y otras iglesias cristianas en EE. UU.». De esas 314 000 congregaciones, la mitad tienen no más de 75 asistentes los domingos en la mañana. La mayoría de las iglesias en el país tienen menos de 200 personas que asisten los domingos en la mañana.

La historia completa de la conversión de Spurgeon se encuentra en (disponible en inglés):

- Justin Taylor, "How the Snowpocalypse of 1850 Led to Spurgeon's Conversion 164 Years Ago Today", Coalición por el Evangelio, en línea: https://blogs.thegospelcoalition.org/justintaylor/2014/01/06/charles-spurgeons-conversionin-a-primitive-methodist-chapel (consultado el 31 de julio del 2017).

Capítulo 7

Para mayor información sobre Apocalipsis 2:14-22 e Isaías 65, ver:
* J. Alec Motyer, *The Prophecy of Isaiah: An Introduction and Commentary* [La profecía de Isaías: introducción y comentario] (IVP, 1993), 528.

COALICIÓN POR EL EVANGELIO es una hermandad de iglesias y pastores comprometidos con promover el evangelio y las doctrinas de la gracia en el mundo hispanohablante, enfocar nuestra fe en la persona de Jesucristo, y reformar nuestras prácticas conforme a las Escrituras. Logramos estos propósitos a través de diversas iniciativas, incluyendo eventos y publicaciones. La mayor parte de nuestro contenido es publicado en www.coalicionporelevangelio.org, pero a la vez nos unimos a los esfuerzos de casas editoriales para producir y colaborar en una línea de libros que representen estos ideales. Cuando un libro lleva el logo de Coalición, usted puede confiar en que fue escrito, editado y publicado con el firme propósito de exaltar la verdad de Dios y el evangelio de Jesucristo.

TGC | COALICIÓN